Winnenden
und wir alle

Allen Menschen gewidmet,
die unter den Folgen von Amokläufen
zu leiden haben.

Peter Behncke

Winnenden und wir alle

Bibliografische Information der Deutschen Nationalbibliothek
Die Deutsche Nationalbibliothek verzeichnet diese Publikation in der
Deutschen Nationalbibliografie; detaillierte bibliografische Daten sind
im Internet über http://dnb.d-nb.de abrufbar.

Originalausgabe
© Peter Behncke
Berlin, 2010
Satz, Umschlaggestaltung, Herstellung & Verlag:
Books on Demand GmbH, Norderstedt
www.bod.de
Alle Rechte vorbehalten.

Printed in Germany
ISBN: 978-3-8391-5574-5

Zum Buch

Am 11. März 2009 brach für viele Menschen in dem schwäbischen Städtchen Winnenden eine Welt zusammen. Bei einem Amoklauf erschoss ein 17-Jähriger in der Albertville-Realschule acht Schülerinnen, einen Schüler, eine Referendarin, zwei Lehrerinnen, auf der Flucht einen Handwerker, einen Autoverkäufer und einen Kunden. Des Weiteren verletzte er fünfzehn Menschen zum Teil schwer. Nach einem Schusswechsel mit der Polizei tötete sich der Täter selbst. Das Buch stellt diese Wahnsinnstat in einen gesamtgesellschaftlichen Zusammenhang: in was für einer Gesellschaft leben wir, dass ein junger Mensch so etwas Furchtbares tut? Was in Winnenden passiert ist, betrifft uns alle.

Winnenden und wir alle meint: jeder Einzelne ist gefragt und gefordert, sich in diese Gesellschaft einzubringen, sich an Debatten zu beteiligen, damit es besser, schöner, gewaltfreier, menschlicher und gerechter unter uns zugeht. Demokratie ist kein in Fels gehauenes, feststehendes und unveränderliches System, sondern ein lebendiges und Wandlungen unterworfenes Gefüge - und deshalb fortlaufend kritik- und korrekturbedürftig. Das ist die Botschaft des Buches.

Autor

Peter Behncke, Jahrgang 1956, lebt in Berlin, Autor, Journalist und Texter. Viele Jahre als Öffentlichkeitsreferent einer sozialen Einrichtung tätig.

Inhalt

Amok laufen 9
Ablauf 10
Tatmotive 12
Die Verwandlung 12
Täterprofil 13
Amokläufer 14

Was ist hier passiert? 15
Daten zum Amoklauf von Winnenden 16
Chronologie 17
Ein Tag der Opfer 18
Zerstörte Träume 20
Warum? Wieso? Weshalb? 23
Wer ist schuld? 29
Zur Schuldfrage 31
Gott, wo warst du? 31
Deutschland trauert 36
Das Leben muß weitergehen 39
Von Helfern und Helden 44
Eine ganz normale Familie 46
Und die Medien sind dabei 49
Allgegenwärtige Gewalt 55
Anderen Gewalt zufügen 56
Gewaltdelikte nehmen zu 57
Tatort Schule 59
Woher kommt bloß die Gewalt in mir? 60
Killerspiele wirken enthemmend 61
Medien sind mitverantwortlich 61
Das heimliche Gewissen der Nation 62

Gewaltvolle Sprache 63
Gewalt überwinden 64
Ist nach Winnenden vor Winnenden? 65
Sind Amokläufe zu verhindern? 66
Ist ein Amokläufer vorher erkennbar? 67
Wie hilflos sind wir? 68
Es bleibt ein ungewisser Rest 69

In was für einer Gesellschaft leben wir? 70
Es geht alles 71
Wir leben in einer freien Gesellschaft 71
Die größere Freiheit 72
- einer widersprüchlichen Gesellschaft 73
Status quo 75
- in einer Hochleistungs-Gesellschaft 76
Wohlstandsfahrt 76
- in einer Überforderungs-Gesellschaft 78
Manch einer 79
- in einer »bedrohten« Gesellschaft 79
Litanei des guten Willens 80
- in einer überwachten Gesellschaft 81
Orwells Augen 82
- in einer bilderüberfluteten Gesellschaft 83
Zwischen 83
- in einer Kaufrausch-Gesellschaft 83
Besitztümer 84
- in einer krisengeschüttelten Gesellschaft 85
Ein Opfer für den Gott der Zivilisation 85
- in einer verlorenen Gesellschaft 86
Die Stars von gestern 87
- in einer politikgefrusteten Gesellschaft 87
In der Politik 89

Auf der sicheren Seite   89
- in einer wert-orientierten Gesellschaft   90
Stimmungskanone   90
- in einer demokratischen Gesellschaft   91
Dämokratie   92
- in einer erfolgreichen Gesellschaft   92
So oder so   93

Und wir alle   94
Ich bin gefragt   95
Deine Welt   96
Miteinander statt nebeneinander   97
Ort des Lernens und sich Kennenlernens   100
Redeweise   100
Wir brauchen einander   101
Solidarität   102
RESPECT   104
Mitmischen - Mitreden - Mitentscheiden   104
Aufgepasst!   105
Wenn auch alle, ich nicht   105
Gemeinwohl statt Eigeninteresse   106
Die da oben - wir hier unten   107
Orientierung und Hoffnung geben   108
Bitte   109
Die Chance meines Lebens   111
Entwöhnungslektion   111
In welcher Zukunft wollen wir leben?   112
Keine Zeitfrage   112
Worauf es ankommt   113
Anmerkung und Hilfreiche links   115

Amok laufen

Der Begriff Amok kommt aus dem Malaiischen und heißt übersetzt Wut oder wütend. Die Einwohner des Malaiischen Archipels in Südostasien beschrieben damit das Phänomen eines plötzlichen, aggressiven und willkürlichen Gewaltausbruchs. Amoklaufen bedeutet also in blinder Wut angreifen und töten, wobei auch Unbeteiligte betroffen sind.

Dass es Amoklaufen schon seit Jahrhunderten gibt und gerade auch in ärmeren Ländern, zeigt, dass es nicht nur ein Produkt westlicher Kulturen ist. Jedoch ist schon bemerkenswert, dass die so genannten Amokläufe an Schulen geographisch beschränkt sind auf Nordamerika, sowie Mittel- und Nordeuropa.

Legt man diese Bedeutung zugrunde, zeigt sich, dass es viele Arten von Amokläufen gibt, Gewalttaten, die allerdings nicht immer als solche bezeichnet werden. Beispielsweise, was in den letzten Jahren öfters vorkam: wenn ein Mann, nachdem seine Frau ihm die Trennung mitgeteilt oder die Scheidung eingereicht hat, die ganze Familie auslöscht, dann wird das in der Presse als Familientragödie bezeichnet, ist aber auch ein Amoklauf. Der Unterschied ist, dass er nicht wahllos um sich schießt, sondern gezielt auf bestimmte Menschen.

Auch das haben die Ereignisse in der jüngsten Vergangenheit gezeigt: ein Amoklauf ist nicht auf Schusswaffen beschränkt. Grundsätzlich kann alles zur Waffe werden. Beispielsweise Amokfahren, wie die Tragödie in Holland im April 2009 zeigte, bei der sechs Menschen getötet und viele verletzt wurden. Oder wie der mit einem Messer wild um sich stechende Mann auf dem Berliner Hauptbahnhof im Mai 2006, bei dem 28 Menschen zum Teil schwer verletzt wurden.

Dass man auch ohne Waffen Amoklaufen kann, zeigt die äußerst brutale Gewaltattacke im Juli 2009 in München. Auf der Suche nach einem »Kick« prügelten mehrere angetrunkene Jugendliche bei einer Klassenfahrt ohne Anlass auf Passanten ein und schlugen einen 46-jährigen Mann dabei fast tot. Motiv: »Spaß« und »Leute wegklatschen«, so ihre Begründung. In »welt.de« war die Überschrift zu lesen: »Entsetzen über ,Amoklauf mit Faustschlägen'.«

Dann der Amoklauf in Ansbach am 17. September 2009, bei dem ein 18-Jähriger mit einer Axt und mehreren Messern in eine Schule stürmte und Molotow-Cocktails (Brandbomben) auf Mitschüler warf und mehrere von ihnen zum Teil schwer verletzte.

Und Komasaufen ist im Grunde genommen Amok laufen gegen die eigene Person. Sich selbst Gewalt antun, indem man sich hemmungslos volllaufen lässt, bis zur Bewusstlosigkeit und dabei den Tod billigend in Kauf nehmen.

Ablauf

Fachleute haben herausgefunden, dass es so etwas wie einen Ablaufplan bei Amokläufern gibt, der von Fall zu Fall variieren kann und der sich in drei Phasen zusammenfassen läßt:

1. Phase

Ganz am Anfang stehen viele Grübeleien. Der potentielle Amokläufer nimmt seine Umwelt nur noch durch die dunkle Brille eines Menschen wahr, der alles als Bedrohung empfindet. So tritt er den inneren und äußeren Rückzug an, isoliert sich mehr und mehr, kappt soziale Kontakte und zieht sich in seine innere und eine virtuelle Welt zurück. Die erlernten Regeln des Lebens in einer Gemeinschaft lösen sich langsam aber sicher auf, er verliert den inneren Halt. Zunehmende Gewaltphantasien- und Gedanken, die gespeist sind durch Videos und PC-Killerspiele.

2. Phase

Vollgesogen mit Gewalt lässt ein Auslöser ihn zur Waffe greifen. Zu der Zeit ist er in einem psychischen Ausnahmezustand der inneren Erstarrung und Leere. Er ist für nichts und niemanden mehr zugänglich und zur absoluten, grenzenlosen Gewalt bereit.

Das schon lange verinnerlichte Amok-Programm läuft ab, jegliche Kontrollmechanismen sind außer Kraft gesetzt. Er geht bei seiner Tat vor wie ein Roboter, der nur einen Befehl kennt: schießen, schießen schießen.

3. Phase

Nach der Tat befindet er sich in einem Zustand der räumlichen, zeitlichen und inhaltlichen Orientierungslosigkeit. Wenn er sich nicht selbst tötet, provoziert er oft einen »suicide by cop«, was bedeutet, er lässt sich erschießen. Grund für den Selbstmord sind völlige Erschöpfung, innerer Zusammenbruch, Entsetzen über die eigene Tat und Weigerung, in die Realität zurückzukehren.

Man kann davon ausgehen, dass der Selbstmord keine Spontanhandlung ist, sondern ein Kalkül, das von vornherein mit eingeplant ist.

Tatmotive

Unscheinbare Dinge sind es meist, die solch eine innere Explosion auslösen, wie Zurückweisung, Demütigung, Mobbing, Neid, Geltungssucht, Groll wegen ungerechter Behandlung oder hartherzige Lehrer, zurückgewiesene Liebe, normaler Alltagsstress, berufliche Zurückstufung, Ablehnung, Ausgrenzung usw.

Die Verhältnismäßigkeit von Anlass und Mittel sind nicht gegeben. Immer ist der Täter aber zum Tatzeitpunkt in seiner eigenen, abgeschlossenen Welt gefangen. Die Hemmschwelle des Tötens wird, so sagen Psychologen, mit dem ersten Schuß endgültig aufgelöst, Danach ist alles nur noch mechanisches Handeln, bei dem das Gehirn auf Durchzug geschaltet hat. Insofern spielt es für den Täter dann keine Rolle mehr, wieviele Menschen er tötet.

Die Verwandlung

Viele Amokläufer verkleiden sich vor ihrer Tat. Und das nicht grundlos. Damit steigen sie quasi aus ihrer Person aus und schlüpfen in eine anonyme Monsterrolle. Das Überstreifen eines dunklen Kampfanzuges ist der äußere Akt der inneren Verwandlung: ich bin nicht mehr ich, ich werde jetzt ein anderer.

Auch der Täter von Winnenden trug einen dunklen Anzug. Ebenso zog sich der Amokläufer von Erfurt vor seiner Tat in der Schultoilette das schwarze Kostüm japanischer Ninja-Krieger an und streifte sich eine Sturmmaske übers Gesicht. Durch dieses Ritual des Verkleidens verleiht er sich selbst die Macht zum grenzenlosen Morden.

Amokläufer sind immer auch Nachahmungstäter. Sie haben ihre Vorbilder, die sie jedoch nicht einfach eins zu eins kopieren, sondern jede Tat trägt ihren persönlichen Stempel.

Täterprofil

Untersuchungen haben ergeben, dass die Täterprofile von Amokläufern stereotyp, wenn auch variierbar sind, sich also ähneln. So ist er in seinem sozialen Verhalten kontaktgestört- bis unfähig, dadurch innerlich vereinsamt, isoliert und verzweifelt. Er ist agressionsgehemmt, so dass sich Agressionen allmählich aufstauen. Gleichzeitig gibt er sich mehr und mehr Gewaltphantasien hin und beschäftigt sich mit allem, was damit zu tun hat. Auch kennt er sich im Internet aus und ist mit den Möglichkeiten vertraut, wie er sich darin präsentieren kann, auch um versteckte oder deutliche Hinweise auf seinen Amoklauf zu geben.

Er schaut sich gerne Gewalt- und Horrorfilme an, spielt Computergames, kann mit Waffen sehr gut umgehen und hat auch Zugang dazu.

Er kommt nicht aus schwierigen Verhältnissen, sondern gehört zur Mittelschicht und es gibt auch keinen Migrationshintergrund (Zugewanderte und deren Nachkommen), woraus folgt, dass Armut oder materieller Mangel als Grund ausfällt.

Er ist mindestens durchschnittlich intelligent. Von anderen wird er zwar oft als «komisch», aber nicht gewalttätig, wahrgenommen. Bemerkenswert ist, dass kein bekannter Amokläufer zur Tatzeit eine Freundin hatte.

Der Gewaltausbruch richtet sich in aller Regel nicht gegen bestimmte Personen oder Ausländer, sondern es trifft den, der sich gerade vor Ort befindet.

Die Kriminologin Prof. Dr. Britta Bannenberg von der Universität Giessen beschreibt den typischen Amokläufer so: «Die wenigen Taten, die bisher bekannt geworden sind, zeigen fast übereinstimmend junge Männer, zurückgezogen, still, nicht gewaltauffällig. Aber in ihren geheimen Gedanken und Racheplänen, die sie durchaus anklingen lassen, machen sie die Schule, die Lehrer und Mitschüler verantwortlich für ihr eigenes Versagen, das sie durchaus erkennen. Sie verfügen über Waffen, befassen sich meist über Jahre mit bestimmten Computerspielen und Videofiguren, mit denen eine Art Identifikation eintritt. Das heißt, sie sind soziale Außenseiter, die mit sich sehr viele Probleme haben.»

Das folgende Gedicht ist nach dem Amoklauf von Erfurt im Jahr 2002 entstanden:

Amokläufer

da bricht sich seine Wut Bahn
da rast er im Blutwahn
vergisst wer er ist
vergisst was er tut
a-l-l-e-s wird Rache

hält drauf hält drauf hält drauf

gekränkte Seele Amokläufer
ausgeschlossen aus der Gemeinschaft
eingeschlossen in seiner virtuellen Welt
alleingelassen mit
seiner bodenlosen Verzweiflung

seiner übermächtigen Angst
seiner sich steigernden Wut

was hält ihn auf wer hält ihn auf?

vielleicht nur er selbst am Schluss
durch einen gegen sich gerichteten Schuss

Was ist hier passiert?

Dieser Satz war sehr oft nach der Tragödie von Winnenden zu hören. In dieser Frage schwingt zunächst die ganze Unbegreiflichkeit, blankes Entsetzen, Fassungslosigkeit, Betroffenheit, Ratlosigkeit, Schmerz und tiefe Trauer mit.
Doch hinter diesem Amoklauf steckt mehr. Die Menschen spürten, dass das, was hier passiert ist, uns alle angeht und etwas mit unserem gesamtgesellschaftlichen Zustand zu tun hat. Winnenden wirft einen tiefdunklen Schatten auf unsere hochglanzpolierte und porentiefgereinigte Wohlstandswarenwelt. Und viele Bürger sagten: Von Winnenden müssen Signale in diese Gesellschaft ausgehen, wir müssen über gewisse Erscheinungsformen nachdenken und ins Gespräch kommen und, wo nötig, Korrekturen vornehmen.
Und täterbezogen muß man sagen: hier sind bei einem Menschen alle Dämme gebrochen, das ganze Normengerüst, das unser persönliches Leben und das in einer Gesellschaft zusammenhält, ist in sich zusammengestürzt und damit außer Kraft gesetzt.
»Ein Tag der Trauer für ganz Deutschland!«, so Bundeskanzlerin Angela Merkel und es gab wohl keinen in diesem

Land, der nicht bis ins Innerste erschüttert war und mit den Angehörigen trauerte. Auch aus dem Ausland kamen viele Beileidsbekundungen, die zeigten, dass auch Menschen am anderen Ende der Welt Anteil nahmen.

Daten zum Amoklauf von Winnenden

Datum: Mittwoch, 11. März 2009
Orte des Geschehens: Albertville-Realschule in Winnenden (Baden-Württemberg), die Parkanlage des Zentrums für Psychiatrie in Winnenden und das Industriegebiet in Wendlingen
Der Amoklauf dauerte von 9. 30 bis ca. 12. 30 Uhr
Der Täter: Ein 17-jähriger ehemaliger Schüler der Albertville-Realschule und zum Tatzeitpunkt Schüler einer kaufmännischen Privatschule.
Die Tatwaffe: eine Beretta, (Sportpistole), Kaliber neun Millimeter.
113 Patronenhülsen fand die Polizei an verschiedenen Tatorten, außerdem 171 nicht abgefeuerte Patronen. Sie stammte aus dem Waffenarsenal seines Vaters, der Mitglied eines Schützenvereins ist.
Die Schreckensbilanz: 16 Tote (acht Schülerinnen, ein Schüler, eine Referendarin, zwei Lehrerinnen, ein Handwerker, ein Autoverkäufer, ein Kunde und der Täter, der sich selbst erschoss). Des Weiteren 15 zum Teil schwer verletzte Menschen.
Einen Autofahrer, den der Täter als Geisel genommen hatte, konnte nach einem Bremsmanöver flüchten.
Einsatzkräfte: nahezu 1000 Polizisten, sowie mehrere Polizeihubschrauber, 100 Personen von Rettungsdiensten, 17 Notärzte, 56 Notfallseelsorger, sowie eine große Zahl an

ehrenamtlichen Helfern. Vom Regierungspräsidium Stuttgart wurde eine mit 50 Schulpsychologen bestehende Betreuungsstelle gebildet.

Tatmotiv: unklar

Chronologie

9.30 Uhr: Der Amokläufer betritt die Albertville-Realschule in Winnenden und erschießt in verschiedenen Klassenräumen neun Schüler im Alter von 14 bis 16 Jahren sowie drei Lehrerinnen.

9.33 Uhr: Bei der Polizei geht ein Notruf aus der Realschule ein.

9.40 Uhr: Polizisten durchsuchen die Schule und finden zwölf Leichen. Der Täter ist nicht mehr im Gebäude. Auf dem Weg in die Innenstadt erschießt er auf dem Gelände eines psychiatrischen Krankenhauses einen weiteren Menschen.

9.41 Uhr: Großfahndung mit Hubschraubern.

9.45 Uhr: Der Amokläufer hält sich in der Innenstadt auf. Er zwingt einen Autofahrer zur Fahrt in Richtung Tübingen. Dabei werden rund 130 Kilometer zurückgelegt. Nach Worten von Polizeisprecher Erwin Hetger ist die Flucht von … »nicht« mehr geplant, nicht mehr strukturiert« gewesen.

10.00 Uhr: Baden-Württembergs Ministerpräsident Günther H. Oettinger wird im Landtag über den Amoklauf informiert und fliegt mit einem Hubschrauber nach Winnenden.

12.00 Uhr: Nach einem Bremsmanöver in einer Kurve auf einer Autobahnauffahrt, wo eine Polizei-Kontrollstelle eingerichtet ist, kann der Fahrer flüchten, der Täter lässt das Auto zurück und läuft ins nahe gelegene Industriegebiet von Wendlingen. Derweil ruft der Fahrer die Polizei an.

12.01 Uhr: In einem dort ansässigen Autohaus erschießt der Täter einen 36-jährigen Mitarbeiter und einen 46-jährigen Kunden, die sich in einem Verkaufsgespräch befinden.

12.05 Uhr: Der Amokläufer verlässt das Autohaus und eröffnet das Feuer auf Polizisten. Dabei verletzt er zwei von ihnen schwer, wird selbst getroffen und tötet sich selbst durch einen Kopfschuss.

Ein Tag der Opfer

Dieser schwarze Mittwoch ist der Tag der Opfer, die bei dem Amoklauf von Winnenden auf brutale wie sinnlose Weise ermordet wurden. Wird man sich an diesen Tag erinnern, wird man sich an sie erinnern: 15 Menschen, 15 aufblühende Leben, die durch die Wahnsinnstat eines Einzelnen vorzeitig und viel zu früh abgebrochen wurden. Alle Träume, alle Pläne, alle Wünsche, alle Hoffnungen, alle Möglichkeiten wurden in Bruchteilen von Sekunden unwiederbringlich zerstört.

Nur wer vergessen wird, ist tot, sagt der Volksmund. Nein, keiner darf vergessen werden. Jeder Mensch ist einmalig, wertvoll und durch nichts und niemanden zu ersetzen.

»...die Liebe bleibt!« ist der Titel einer Benefiz-CD mit namhaften Künstlern, die damit einen bewegenden Beitrag der Solidarität zu den betroffenen Menschen der schrecklichen Tat leisten.

»Du fehlst uns« - diese Worte stehen neben dem Foto eines der Opfer. Und sie stehen für alle anderen auch. Jeder Einzelne fehlt, im Leben der Eltern, der Geschwister, der Angehörigen, der Freunde, der Mitschüler und Lehrer, der Mitbewohner ihres Ortes, in dieser Welt, wo viele unbekannte Menschen ihnen nahe gekommen sind. Und er oder sie fehlt nicht nur heute und morgen, sondern auch in vielen Jahren noch.

Wir trauern

um acht Schülerinnen, einen Schüler und drei Lehrerinnen der Albertville-Realschule in Winnenden. Wir trauern um drei Männer, die der Täter auf seiner Flucht wahllos tötete, ehe er sich selbst das Leben nahm.

Wir trauern

mit allen Eltern, die Kinder verloren haben, mit den Freundinnen und Freunden der Getöteten, mit den Familien der ermordeten Erwachsenen.

Jacqueline Hahn,
Ibrahim Halilaj,
Franz Josef Just,
Stefanie Tanja Kleisch,
Michaela Köhler,
Selina Marx,
Nina Denise Mayer,
Viktorija Minasenko,
Nicole Elisabeth Nalepa,
Denis Puljic,
Chantal Schill,
Jana Natascha Schober,
Sabrina Schüle,
Kristina Strobel,
Sigurt Peter Gustav Wilk.

(Aus der Rede von Bundespräsident Horst Köhler bei der Trauerfeier am 21. 03. 2009 zum Gedenken an die Opfer des Amoklaufs von Winnenden und Wendlingen)

Zerstörte Träume

Dieses Gedicht widme ich meiner Tochter Judith,
meinem Pflegesohn Sébastien
und meinem Schwager Guntram,
die bei Verkehrsunfällen ums Leben kamen,
sowie den 15 Opfern des Amoklaufes von Winnenden,
die auf brutale Weise ermordet wurden.

Und da wäre doch noch so vieles zu tun gewesen,
zuhause, am Computer, in der Schule, am Arbeitsplatz,
in der Familie, bei einem Freund, bei einer Freundin,
da wäre doch diesem und jenem Menschen
noch etwas Wichtiges, Lustiges oder Schönes
zu erzählen gewesen,
da gab es doch noch so viele offene Fragen
zu gewissen Themen,
da waren doch noch die Prüfungen,
die Geburtstagsfeier und die Ferien,
da wäre doch noch jemand zu besuchen gewesen,
da hätte noch einiges dringend erledigt werden müssen,
unbedingt und unbedingt an diesem Tag.

Du hattest noch soviel vor in deinem Leben,
doch zerstört sind alle Träume,
zerstört sind alle deine Träume,
zerstört sind alle unsere Träume mit dir und für dich.

Und dabei fing alles so harmlos und hoffnungsvoll an
als du geboren wurdest,
und wir überüberglücklich waren,
dass du endlich da warst,

du du du, unser Ein und Alles.
Und wie du größer wurdest,
krabbeln, aufstehen, laufen,
lachen, schreien, knuddeln,
babbeln, dein erstes Wort
- das waren Momente für die Ewigkeit.
Und wie du Stück für Stück
deinen Lebensraum erweitert hast,
ein freiheitsliebender Mensch eben,
raus wolltest, den Fahrtwind des Lebens spüren, hautnah,
im Gesicht, am Körper, an den Händen, in deiner Seele.
Da hatten wir, zugegebenermaßen, schon manchmal Sorge,
ob das auch alles gut geht.
Dann gab es eine ganze Reihe offizieller Reisestationen
wie Kindergarten, Schule, Kirche, Verein usw.
Doch wichtiger waren deine Parkplätze bei Menschen,
bei Freunden und Bekannten,
die dich mochten und die du mochtest,
wo du anhalten und innehalten konntest.
Du hattest ganz unterschiedliche Beziehungen
zu verschiedenen Menschen.
Du kanntest viele und viele kannten dich,
doch kannten sie dich wirklich?

Wie bei jedem Menschen war auch dein Leben geprägt
von vielen farbig-sprühenden Facetten,
die etwas widerspiegelten
von deiner faszinierend vielschichtigen Persönlichkeit.
Da gab es den einfühlsamen, angenehmen
und umgänglichen Menschen,
den hilfsbereiten und hilfsbedürftigen,
den ausgelassenen, fröhlichen, aber auch ernsten,

den bärbeißigen und rebellischen,
den verschmitzt lächelnden und zu Späßen aufgelegten,
den erfrischend frechen, den skeptischen
den allseits beliebten und von allen geliebten Menschen,
den dauernd Musik hörenden und sportbegeisterten,
den traurigen, den schweigsamen und ängstlichen,
den vor Lebensfreude tanzenden,
die beleidigte Leberwurst, den einsamen, in sich gekehrten,
den, mit den Launen und furchtbaren Durchhängern,
den Bastler, Träumer und den Könner
mit dem Gespür und Geschick für bestimmte Dinge,
den voller Ideen und voller Fragen: »Ja, aber...«
den schwachen, den starken, den zärtlichen
und den nach Geborgenheit verlangenden Menschen,
den Schmeichler und das Sensibelchen,
den, mit dem man über alles quatschen
und kontrovers diskutieren,
herzhaft lachen, aber auch weinen konnte,
den, der viel und tief nachdachte über das Leben,
den suchenden, zweifelnden und verzweifelten,
den Menschen der leisen und lauten Töne,
den, der unzählige Spuren,
aber auch eine riesengroße Lücke hinterlässt,
den unverwechselbaren und einmaligen Menschen
mit dem gewissen Etwas.

So wie wir ein Teil deines Lebens waren,
warst auch du ein Teil unseres Lebens
und du wirst es immer bleiben.
Dafür sind wir dir unendlich dankbar.
Deine Stimme wird uns fehlen
und die vielen tollen Melodien,

die du in uns zum Klingen gebracht hast.
Oh ja, die Melodie deines Lebens
wird für immer in uns nachklingen.

Dann plötzlich, von einer Sekunde auf die andere,
wurdest du uns genommen,
zu einer Zeit, da niemand von uns damit rechnete,
niemand damit rechnen konnte.
Deine viel zu kurze Lebensreise ist schon zu Ende
und wir können es nicht begreifen
und müssen es doch
schweren, schweren Herzens akzeptieren.
Dich wieder zu sehen ist dabei unsere große Hoffnung
und die Erinnerung an die schöne, aufregende und
spannende Zeit mit dir möge uns die Kraft geben,
ohne dich weiter zu leben.

Gott, warum auch immer die Lebensreise
dieses geliebten Menschen
so früh und abrupt zu Ende ging,
angekommen ist er bei dir,
du, das letzte Ziel eines jeden Menschen.

Warum? Wieso? Weshalb?

Ein Mann trägt bei der zentralen Trauerfeier ein schwarzes T-
Shirt mit der Aufschrift: Warum? 11. 3. 2009, Winnenden
Was treibt einen jungen Menschen, der alles hat, was er
zum Leben braucht, dem es offensichtlich an nichts fehlt
und der eine gute berufliche Perspektive hat, dazu, so
etwas Furchtbares zu tun? Diese Frage beschäftigt bis

heute viele Menschen und es ist davon auszugehen, dass auf der Akte des Täters ein riesengroßes Fragezeichen stehen bleibt.

Natürlich wünschen wir uns, sagen zu können: das war der Grund. Es ist schon so: wenn wir verstehen, was uns widerfährt, fällt es uns leichter, es zu akzeptieren, weil wir es einordnen können. Doch gerade bei Unglücken und Katastrophen gibt es in der Regel keine Erklärungen und Antworten auf das Warum. Schreckliche, sinnlose Dinge passieren in dieser Welt, ganz einfach weil sie passieren. Wir bleiben mit einem Gefühl der Ohnmacht und des Ausgeliefertseins zurück und müssen es so stehen lassen.

Bei der Motivsuche befinden wir uns auf dem weiten Feld der Vermutungen, Interpretationen und Spekulationen. Die Motivspanne reicht von banal bis hochkomplex. Alles ist möglich, nichts undenkbar. Wie immer man die Puzzleteile eines möglichen Motivs zusammensetzt, es könnte auch immer anders sein.

Die Forschung, die sich mit diesem Phänomen beschäftigt, sagt, dass ein Amoklauf nicht auf einzelne Gründe zurückgeführt werden kann, sondern ein Zusammenwirken von mehreren Faktoren ist: sei es das Umfeld, die Persönlichkeitsstruktur, eine fortgeschrittene psycho-soziale Entwurzelung, erfahrene Kränkungen, Mobbing, Zurückweisungen, berufliche Rückstufungen, Partnerschaftskonflikte, verschmähte Liebe, Schulversagen, fehlende berufliche Perspektiven, Depressionen usw. Allein eine psychische Störung reicht aber nicht aus, um solch eine Tat zu erklären.

Und immer ist der Amoklauf das Ende eines inneren Prozesses und nie der Anfang. Bezeichnend ist, dass ein Amoklauf keine Affekthandlung ist, sondern eine Entwicklung mit extremen Gewaltphantasien vorausgeht. Der potentielle Amokläufer schafft sich eine innere Parallelwelt, zu der er nur bedingt, verschlüsselt oder anonym, anderen Zugang gewährt. Am Schluss braucht es nur noch einen Auslöser und die Dinge nehmen ihren verhängnisvollen Lauf.

Zu möglichen Motiven haben sich sehr viele und ganz unterschiedliche Stimmen zu Wort gemeldet.

»Ich kann mir nicht vorstellen, was diesen Jungen zu der Tat gebracht haben sollte«, sagte Jürgen Kiesl, Bürgermeister von Weiler am Stein, der ... zwei Mal als Sportler geehrt hatte und der auch seinen Vater, der ein angesehener Unternehmer sei, kennt.

Rache auf Mädchen als Motiv wird ausgeschlossen. Das auffällig viele Frauen und Mädchen unter den Opfern waren, gab zunächst Anlass zu der Spekulation, ob als Motiv vielleicht verschmähte Liebe oder Demütigungen in Frage kämen. Nach Erkenntnissen einer 30-köpfigen Sonderkommission (bestehend aus Polizei und Staatsanwaltschaft), die im Mai 2009 eine vorläufige Bilanz zog, habe der Täter nicht gezielt auf die acht Mädchen und drei Lehrerinnen geschossen. Es sei eher ein unglücklicher Zufall gewesen.

»Der wollte einmal in seinem Leben wahrscheinlich der böse Junge sein«, so die 15-jährige Elena, die mit Streifschüssen und Schüssen durch Schulter, Unter- und Oberarm nur knapp dem Tod entkam, in einem Interview mit der WELT.

»Mal so richtig auffallen« als Tatmotiv? Bemerkenswert ist, dass die meisten Amokläufer vorher unauffällig waren. Der Täter von Emsdetten nannte sich einen »Nicht-Gesehenen«.

Sicherlich spielt das für die Pubertät typische Wunschverhalten eine gewisse Rolle: sich von anderen abheben, anders sein, auffallen, beeindrucken zu wollen, was Besonderes zu tun, auf eine spektakuläre Weise wahrgenommen werden. Das Gewöhnliche, Durchschnittliche ist dabei das Hassenswerte, obwohl man genau das ist: ein normaler Mensch, wie alle anderen.

Und dann auch die Frage: womit kann man unsere kleine »heile« Welt, in der ein jeder mehr oder weniger zufrieden lebt, noch überraschen und schockieren? Am Ende vielleicht nur durch einen selbst inszenierten Krieg. Alles was dazu dient, ihn umzusetzen, wird gedanklich durchgespielt und geplant. Gewaltfilme und Musik dienen dazu, sich »in Stimmung zu bringen« und emotional aufzupuschen, bis man innerlich irgendwann so hochgeladen ist, dass ein kleiner Funke reicht, um die Explosion auszulösen.

Polizeipräsident Erwin Hetger brachte es auf den Nenner: »Meines Erachtens ging es diesem Täter wirklich nur darum zu töten.« Und weiter: »Er wollte auf sich aufmerksam machen, er wollte auf seine Tat aufmerksam machen, er wollte irgendwann irgendetwas machen, auf dass alle schauen.«

Wenn dem so ist, dann hat der Täter sein Ziel erreicht, denn innerhalb kürzester Zeit war der Amoklauf von Winnenden weltweit die Topmeldung.

Polizeisprecher Klaus Hinderer sagte: »Das Motiv hängt mit

dem Internet zusammen.« Auf den Computern des Täters sei ein Killerspiel, eine Variante der Counterstrike-Spiele gefunden worden. Darin sei ein Teil des Motivs für den Amoklauf zu sehen.

Andere sehen einen ursächlichen Zusammenhang zu dem acht Stunden zuvor stattgefundenen Amoklauf mit elf Toten in dem US-Bundesstaat Alabama und halten einen Nachahmungseffekt für möglich.

Eine kurze Zeit wurde in den Medien der psychische Zustand des Amokläufers heiß geredet, als ob das der ultimative Schlüssel zu dieser Tat sei. Er sei in psychiatrischer Behandlung, sei depressiv gewesen. Doch Hellmuth Braun-Scharm, der Chefarzt der Kinder- und Jugendpsychiatrie an der Virngrundklinik Ellwangen sagt hierzu: »Grundsätzlich haben ein Amoklauf und depressives Verhalten nichts miteinander zu tun.«
So gibt es in der Forschung keine einheitlichen Befunde bezüglich der psychischen Disposition des Täters. Damit sind die genetischen Veranlagungen und die im Leben erworbenen Neigungen zu bestimmten körperlichen Zuständen oder situationsgebundenen Verhaltensweisen gemeint. Generell kann man also nicht sagen, dass Amokläufer psychisch krank ist.
»Diese unterschiedlichen Befunde zeigen den Konflikt, in der Forschung verbindliche Definitionen und Abgrenzungen für das Phänomen Amoktat zu finden«, so heißt es bei www.wikipedia.de

Gesellschaftliche Bedingungen sind nicht ursächlich, spielen aber eine gewisse Rolle, wenn auch nicht genau auslotbar und konkret festzumachen. Letztlich sei die Persönlichkeitsstruktur eines Täters ausschlaggebend, sagt Sabrina Hoops vom Deutschen Jugendinstitut München.

Aber es gibt auch ganz andere Stimmen, die sagen: »Es liegt an der Kälte in unserer Gesellschaft, in den Familien, in der Schule, am Arbeitsplatz.«

Oder: »Wer genug echte, liebevolle und menschliche Zuneigung bekommt, tut so etwas nicht.«

Eine weitere Stimme meint: »Amoklauf ist ein Hilfeschrei, eine Verzweiflungstat.«

In einem Internet-Forum meinte eine Person ganz einfach: »Weil's keinen interessiert hat, was der junge Mann vom Leben wollte - das ist das Motiv!«

Und ein anderer Kommentator schrieb: »Diese Tat hat keine Antworten, sondern nur ein Ergebnis.«

»Drei Stunden dauerte sein Blutrausch, sein Rachefeldzug gegen die Welt«, so ein Kommentar zum Amoklauf.

In einem Artikel wurde die Vermutung geäußert, der Täter sei in einer gedanklichen und emotionalen Sackgasse gewesen und wusste einfach nicht mehr weiter.

Sicher ist, dass er das Opfer seiner eigenen pervertierten Gewaltphantasien wurde. Und er konnte sie nur deshalb in die Tat umsetzen, weil er allzu leichten Zugang zu Waffen hatte.

Es gibt viele Hinweise, aber keine eindeutige Antwort. So bleibt eine unheimliche und verstörende Kluft zwischen dem Motiv und der Tat. Wir können zwar Ursachen, wie z. B. leichter Zugang zu Waffen, beseitigen, aber damit sind wir noch lange nicht beim Motiv eines Täters.

Wie werden auch nie erfahren, was ihn während seiner rund zweistündigen Irrfahrt von Winnenden nach Wendlingen durch den Kopf ging und vor allem, wie er es mit sich selbst ausgehalten hat, in dem Wissen, mehrfacher Mörder zu sein.

Was es im Letzten ausgemacht hat, dass ihn zum Amokläufer werden ließ, das wird ein Rätsel bleiben. Und es würde nicht einmal überraschen, könnte man ihn heute fragen, warum er das getan hat, er selbst keine alles erklärende Antwort darauf hätte und vielleicht sagen würde: Ich weiß es eigentlich auch nicht so genau. Ich hab's halt getan.

Wer ist schuld?

Nach jedem Amoklauf und so auch nach Winnenden, stellt sich immer sofort die Frage: Wer ist Schuld an dieser Tragödie?

Da der Täter unzweifelhaft feststeht, kann es grundsätzlich nur einen geben, der schuld ist: er selbst. Er allein hat die Waffe in die Hand genommen, die Entscheidung zum töten getroffen und sie in die Tat umgesetzt.

Aber dann muß man natürlich darüber reden, wer sich durch sein Verhalten oder Fehlverhalten mitschuldig gemacht hat und welche Umstände, Zustände und Gegebenheiten diese Wahnsinnstat begünstigten.

In einem FOCUS-Artikel unter dem Titel »Sind die Eltern von Amokläufern schuldig?« war zu lesen, dass nach Ansicht der meisten Hinterbliebenen die Eltern des Amokläufers von Winnenden die Hauptschuldigen sind.

Ansonsten hieß es sehr schnell in wechselnder Reihenfolge: die Waffen und die laschen Waffengesetze sind schuld, PC-Killer- und Ego-Shooterspiele, Horror- und Gewalt verherrlichende Filme, das Internet und seine Foren, der Vater, die Eltern, der psychische Zustand des Täters, Comics und Bücher, die Medien, die Schule, die Politik, die Banker, die Gesellschaft usw.

Zu jedem einzelnen Punkt möchte man sagen: Ja, aber. Denn vorschnelle und pauschale Urteile sind hier nicht wirklich hilfreich zur Aufarbeitung des Geschehens. Es braucht schon ein genaues hinsehen, differenzieren und beurteilen, um Kriterien herauszuarbeiten, damit künftig im Vorfeld ein Amoklauf erkannt und möglicherweise verhindert wird.

Zugleich aufschlussreich wie eindeutig ist eine Notiz von einem der Täter des Amoklaufes an der Columbine High School, bei dem 1999 zwölf Menschen ihr Leben lassen mussten. Er schrieb: »Alles ist meine Schuld. Nicht die meiner Eltern, nicht die meiner Brüder, nicht die meiner Freunde, nicht die meiner Lieblingsbands, nicht die der Computerspiele, nicht die der Medien. Die Schuld gehört mir!«

Schuldig werden kann nur, wer einen Handlungsspielraum und die Freiheit hat, das eine oder andere zu tun. Je nachdem, wie einer für sich Verantwortung definiert, wird er schuldig oder auch nicht. Wie er sich entscheidet, das hat viel mit seiner Persönlichkeit und seinem Charakter zu tun. Da mögen genetische Veranlagungen, erzieherische Einflüsse, eine schwierige Kindheit, die psychische oder körperliche Verfassung, das soziale Umfeld, gesellschaftliche und private Umstände oder was auch immer hineinwirken. Aber unter jedem Leben steht nur ein Name, nämlich mein eigener. Und welchen Zusatz der erhält, dafür bin ich selbst verantwortlich.

Zur Schuldfrage

Wenn alles gut läuft
ist niemand Schuld.
Tauchen Probleme auf, fragt einer sich:
Wer ist eigentlich Schuld an meiner Misere?
Es kann gar nicht anders sein:
Schuld sind immer die anderen.
Das Nahe liegende ist:
Die Eltern sind Schuld.
Na ja, vielleicht auch die Umstände, ein bisschen.
Und die Lehrer, natürlich, immer, jeder einzelne.
Aber ganz bestimmt ist der Partner Schuld,
manchmal auch die Kinder, diese Egoisten.
Die Medien sind sowieso an allem Schuld.
Der Staat, ja der Staat mit all seinen Lebenszeitbeamten.
Zwischendurch fällt der unverschämte Satz:
Du bist selber schuld!
Schnell wird umgeschwenkt und gefragt:
Ist überhaupt jemand schuld?
Wenn alle Stricke reißen
ist die Antwort am einfachsten:
Gott ist an allem schuld.

Gott, wo warst du?

Durch die Medien ging ein Foto, auf dem ein junger Mann
zu sehen war, der ein Schild in die Höhe hielt, darauf stand
in großen Buchstaben: Gott, wo warst du?
Man muß diese Worte einige Zeit auf sich wirken lassen, um
zu begreifen, wie schwer sie wiegen und welche Sehnsucht

nach einer Antwort sie enthalten. Da schwingt auch mit: Gott, warum hast du's nicht verhindert? Warum hast du dich nicht dazwischen geworfen? Warum hast du ihn nicht aus dem Verkehr gezogen?

Weitere Fragen können angehängt werden: Gott, wo bist du beim Flugzeugabsturz, bei einer Naturkatastrophe, beim Terroranschlag, bei Verhungernden usw. Und warum passieren überhaupt so viele schreckliche Dinge und warum lässt du zu, dass Menschen Menschen ermorden? Der Fragenkatalog in einer Welt voller Unglücke, Katastrophen und Kriege ist endlos und jeder kann seine eigene, persönliche Geschichte anfügen.

Auch ich habe eine: Gott, wo warst du am 12. Juli 2007, als meine 24-jährige Tochter zusammen mit ihrem 38-jährigen Onkel bei einem furchtbaren Verkehrsunfall ums Leben kamen, als ein LKW ungebremst ihr Auto auf einen anderen LKW drauf geschoben hat und auch der unfallverursachende Fahrer dabei starb?

Doch ich muß sagen, ich habe diese Frage so nie an Gott gestellt. Ich habe aber Gott gebeten, dass er mir helfen möge, mit diesem Schicksalsschlag umzugehen, um nicht daran zu zerbrechen und den Glauben an ihn zu verlieren. Beides ist nicht geschehen, im Gegenteil: meine Beziehung zu Gott ist fester und vertrauter geworden.

Verstehen kann ich es bis heute nicht und die Trauer sitzt immer noch tief in der Seele und über meinem Leben wird dieser dunkle Schatten für immer bleiben, aber ich spüre eine Stärke und Kraft, die nicht aus mir selbst kommt und die mir hilft, Schritt für Schritt im Leben weiterzugehen.

In einem Interview wurde der württembergische evangelische

Landesbischof Frank Otfried July gefragt, warum Gott solches Leid zulässt. Er antwortete: »Dieser Konflikt lässt sich nicht auflösen.« ... »Aber warum Menschen in dieser Zeit Kriege führen, warum sie andere verhungern lassen, warum ein junger Mann eine solche Tat begeht, das kann man nicht gleichsam mit einem göttlichen Rechenspiel auflösen. Allerdings können wir als Christen unsere Klagen an jemanden richten.« Auch Jesus Christus spürte am Kreuz die Gottverlassenheit. Er habe das Gefühl gekannt, alleingelassen zu sein. Hinter dem Kreuz deute sich allerdings schon die Osterverheißung an, die Auferstehung von den Toten. Manche Menschen in Winnenden hätten bei aller Klage und Trauer in den Gottesdiensten gespürt, dass Gott für sie da sein möchte.

Muss man nach solch einer Tragödie nicht den Gauben an Gott verlieren? Gisela Mayer, die ihre Tochter verloren hat, wurde in einem Interview gefragt, ob sie noch an Gott glaube. »Ja«, war ihre Antwort und fügte hinzu, dass es für die Eltern allerdings eine Überforderung gewesen sei, als im Trauergottesdienst dazu aufgefordert wurde, eine 16. Kerze für den Mörder anzuzünden.

Der badische evangelische Landesbischof Ulrich Fischer sprach davon, dass Gott jedem Menschen die Freiheit zum Handeln gegeben habe - und eben auch dem Täter. Der Amoklauf sei eine Tat »missbrauchter Freiheit«.
Und auch Peter Kottlorz, Senderbeauftragter der katholischen Kirche im Südwestrundfunk, sprach von der zweifachen Freiheit. Die schreckliche Seite der Freiheit des Menschen sei, wenn diese freiwillig-böswillig oder durch seelische Not so außer sich gerate, dass sie sich aus dem Bereich des Göttlichen herauskatapultiere. Die schöne

Seite der Freiheit des Menschen sei die mitfühlende, die tröstende, die liebende. »Ihre sanfte Kraft wird stärker sein als die schreckliche«, ist Kottlorz überzeugt.

Der inzwischen verstorbene amerikanische Schauspieler Paul Newman erzählte in den siebziger Jahren in einem Interview, wie er unter der Drogensucht seines Sohnes Scott leide. Das Schlimmste sei für ihn, mit ansehen zu müssen, wie sein Sohn sich zugrunde richte, obwohl er ihm jede Hilfe angeboten und auch die finanziellen Mittel dazu habe. Doch der Sohn wollte nicht. Newman sagte weiter, dass er praktisch jeden Tag auf einen Anruf warte und ihm mitgeteilt würde, dass man seinen Sohn tot aufgefunden hat. Newman konnte ihn nicht einfach zwangsweise in eine Entzugsklinik einweisen. Ihm waren die Hände gebunden. Er musste den freien Willen seines Sohnes schweren Herzens akzeptieren, auch wenn er letztlich den Tod bedeutete. Scott starb 1978 an einer Überdosis Heroin.

Vielleicht ist das so ähnlich mit Gott und den Menschen. Gott hat sich in der Freiheit des Menschen gebunden und kann deshalb nicht ständig überall eingreifen und verhindern. Würde er es tun, wäre der Mensch nichts weiter als eine Marionette Gottes.

In einem Trauergottesdienst spricht Pfarrer Siegfried Schwenzer davon, dass wir es mit einem liebenden Gott zu tun haben und die Liebe sei nicht allmächtig, sie leide und sterbe unter den Anschlägen und Schüssen. »Das macht kein Opfer mehr lebendig, mildert nicht den Schmerz der Angehörigen, macht unsere Erschütterung nicht kleiner. Aber es zeigt, wo Gott in allem ist: In unseren Tränen und unserem Mitleiden, da, wo das Leben und die Liebe ist.«

Immer wirft uns solch ein Ereignis auch auf uns selbst als Menschen zurück. »Wo warst du, Gott?« hat jemand auf ein Plakat geschrieben und es an einer Litfasssäule geklebt. Drunter schrieb jemand: »Gottes Antwort: Wo wart ihr?«

Der jüdische Theologe und Religionsphilosoph Martin Buber hat den hebräischen Namen für Gott »Jahwe« so übersetzt: »Ich bin da, wo du bist«. Ins persönliche Leben übertragen, bedeutet dies: Ich, Gott, bin da, wo du, Mensch, dich gerade befindest, an welchem Ort, zu welcher Zeit und in welcher Situation auch immer, unabhängig davon, ob du mich wahrnimmst oder nicht, ob du an mich glaubst oder nicht.

Bezüglich der Terroranschläge am 11. September 2001 wurde Anne Graham, die Tochter des bekannten Predigers Billy Graham, in einer Fernsehshow gefragt: »Wie konnte Gott so etwas zulassen?«

Ihre weise wie bewegende Antwort lässt sich auch auf andere schreckliche Ereignisse übertragen. Sie sagte: »Ich glaube, dass Gott, genau wie wir, zutiefst traurig darüber ist. Doch wir müssen eins klar sehen: Seit Jahren weisen wir Gott aus unseren Schulen, aus unserer Regierung und unserem Leben, und da er ein Gentleman ist, glaube ich, hat er sich still und leise zurückgezogen. Wie können wir erwarten, dass Gott uns segnet und schützt, wenn wir doch von ihm verlangen, dass er uns in Ruhe lässt?«

Deutschland trauert

Zeiten der Trauer sind immer auch Zeiten besonderer Nähe. Viele Menschen haben mit den Hinterbliebenen getrauert und geweint. Seit dem Tag des Amoklaufs gab es deutschlandweit unzählige Gedenkveranstaltungen und Gottesdienste. Und vor der Albertville-Realschule breitete sich ein einziges Tränen-Meer von Blumen, Kerzen, Fotos, Karten und Briefen aus. Die Menschen hielten inne, trauerten und beteten.

»Ganz Deutschland trauert mit Ihnen. Sie sind nicht allein.« Es sei gut zu wissen, »dass unser Land in dieser Stunde der Trauer zusammensteht und dass Menschen überall auf der Welt Teil dieser Trauergemeinde sind.«

Diese warmherzigen Worte des sichtlich bewegten Bundespräsidenten Horst Köhler bei seiner Ansprache vor der Trauergemeinde taten gut und waren aus dem Herzen von Millionen Menschen gesprochen.

Zur zentralen Trauerfeier kamen am Samstag, den 21. 03. 2009, mehrere tausend Menschen nach Winnenden, um den Angehörigen und Betroffenen ihre Anteilnahme zu bekunden, so auch Bundeskanzlerin Angela Merkel und weitere Spitzenpolitiker sowie Persönlichkeiten des öffentlichen Lebens. Darüber hinaus verfolgten unzählige Menschen am Fernsehen die Übertragung.

Die Last wurde dadurch niemanden abgenommen. »Ja, viele von uns vergehen vor Schmerz. Aber solange wir einander trösten können, ist unser Leben nicht trostlos. Ja, wir können keinen Sinn in dieser Tat erkennen. Aber solange es Menschen gibt, die uns brauchen und auf die wir achten, solange wir eine Aufgabe haben, ist unser Leben nicht sinnlos«, sagte Bundespräsident Horst Köhler.

Der ökumenische Gottesdienst und der Staatsakt fanden in der Winnender St. Karl Borromäus Kirche statt und war für die Familien, Schüler und Lehrer reserviert. Übertragen wurde in Hallen und Kirchen. Gestaltet wurde der Gottesdienst vom württembergischen evangelischen Landesbischof Frank Otfried July und vom katholischen Bischof Gebhard Fürst von der Diözese Rottenburg-Stuttgart. Die musikalische Leitung hatte der Chef der Internationalen Bachakademie, Helmuth Rilling.

Vor Beginn der Trauerfeier läuteten in ganz Württemberg 15 Minuten lang Kirchenglocken als Zeichen der Verbundenheit mit den Angehörigen.

»I have a dream« - diese Worte des schwarzen Bürgerrechtlers Martin Luther King zitierte zu Beginn des Staatsaktes Astrid Hahn, die Rektorin der Albertville-Realschule. Schüler trugen ein schwarzes T-Shirt mit grünfarbiger Aufschrift des Slogans »Ich habe einen Traum«

»Auch diese Menschen, die aus unserer Mitte gerissen wurden, hatten einen Traum«, so die Schulleiterin. Symbole dieser Träume und Wünsche legten Schüler auf den Altar, unter anderem: ein Tanzkleid (für Lebensfreude) ein Scherenschnitt (der eine tanzende Familie zeigt), ein Sonnenblumen-Gesteck (für das Licht), Ringe (standen für Freundschaft), Hände (symbolisierten die Hilfsbereitschaft und das Zupacken), ein Zeugnisheft (für die Prüfungen, die das Leben stellt).

»Wir möchten nicht, dass diese Träume und Hoffnungen in Vergessenheit geraten. All diese Träume können uns Kraft und Mut geben für unser Weiterleben«, so Schulleiterin Astrid Hahn.

»Der 11. März 2009 wird für immer ein trauriger Tag in der Geschichte unseres Landes bleiben. Er ist eingebrannt in unser kollektives Gedächtnis«, sagte der damalige Ministerpräsident Günther H. Oettinger in seiner Trauerrede.

Viele Menschen schämten sich nicht ihrer Tränen und weinten, als jeder Name der Opfer vorgelesen wurde, je zwei Jugendliche eine Kerze mit dem Vornamen auf den Altar stellten, sie anzündeten und eine gelbe Rose dazu legten. Es gibt einfach nichts Traurigeres auf dieser Welt als der sinnlose und brutale Tod junger Menschen.
»Wir schweigen auch den Täter dieser furchtbaren Mordtaten (...) nicht tot«, sagte Bischof July. Abgeschieden von den Opfern werde auch sein Leben vor Gott gestellt.

Dass wir Menschen, ob wir das glauben wollen oder nicht, einen Hoffnungshorizont haben, der über dieses Leben hinausreicht, darauf hat Bischof July hingewiesen, als er sagte, dass die schrecklichen Bilder nicht die letzte Macht haben werden, »denn mitten in der Todesschrecklichkeit der Welt steht die Zusage Gottes, alle Tränen abzuwischen.«
Der katholische Bischof Fürst sprach davon, dass Gott uns auf den schweren Wegen dieser Tage entgegenkomme. Gott wisse um die Tränen, die Trauer und die Anklage der Menschen, er sehe den Schmerz, das Leid und die Not. Er habe es aber überwunden, weil er den Tod selbst getragen und in neues Leben gewandelt habe.
»Besonders Sie, die Sie so leiden unter dem Schmerz des Verlustes, können hoffen: Ihre Kinder, Ihre Kolleginnen, Ihre Angehörigen sind jetzt schon in den offenen Armen Gottes aufgenommen, sie sind gehalten von seiner Liebe und sind bei ihm schon jetzt geborgen.«

Der Kantor der evangelischen Schlosskirche in Winnenden, Gerhard Paulus, intonierte den Friedensgesang »Chat de Paix«. Der Text stammt aus dem Buch der Offenbarung, wo es heißt: Ich sehe einen neuen Himmel, eine neue Erde. Das Stück solle Hoffnung geben, dass die Opfer im Himmel gut aufgehoben sind, sagte Paulus.

Das ist keine Vertröstung auf die jenseitige Welt, das ist tiefste Tröstung in unser verletzliches und zerbrechliches Leben hinein.

Zum Abschluss der Trauerfeier reichten sich die Trauernden die Hände, eine schöne Geste der Verbundenheit: gemeinsam trauern - gemeinsam tragen, zusammenhalten - zusammenstehen. Heute und auch in Zukunft.

Das Leben muß weitergehen

Am Tag des Amoklaufes ist für die Eltern der Opfer eine Welt zusammengebrochen. »Es sind viel mehr Menschen gestorben. Der Täter hat auch unser Leben vernichtet. Das Leben, das wir hatten, gibt es nicht mehr«, sagte Gisela Mayer, die Mutter der getöteten Referendarin Nina, in einem »Bunte«- Interview.

Wo eine Welt zusammenbricht, ist zunächst nur ein einziger Trümmerhaufen. Mühsam müssen die Hinterbliebenen jedes einzelne Stück wieder in die Hand nehmen und versuchen, das Lebenshaus neu aufzubauen. Es wird jedoch nie mehr so aussehen wie vorher. Es wird auch nicht mehr so bunt sein, grau und schwarz werden vorherrschend sein. Und wem es gelingt, der wird auch wieder den einen oder anderen Farbtupfer setzen können. Aber das braucht Zeit, vielleicht ein ganzes Leben.

Ein Kind zu verlieren ist das Schlimmste, Traurigste und Brutalste was es für Eltern geben kann. Es bricht einem das Herz. Was das bedeutet, kann nur jemand ermessen, der selbst sein Kind zu Grabe getragen hat. Man kann es nicht beschreiben und es entzieht sich allen Vergleichen. Stirbt ein Kind, sterben die Eltern ein Stück weit mit.

Was hilft sind Menschen, die einem zur Seite stehen, die einfach durch mitfühlende Gesten zu verstehen geben, dass sie Anteil nehmen an dem, was geschehen ist, ohne gleich immer gut gemeinte Ratschläge zu erteilen, die zumeist eher das Gegenteil bewirken.

Der Tod eines geliebten Menschen hinterlässt eine riesige, offene Wunde, die nur sehr langsam und schwer zuheilt. Gerd Mayer sagte: »Wir können uns nicht vorstellen, wie wir das Riesenloch, das Nina hinterlässt, jemals ausfüllen sollen. Sie fehlt uns schon jetzt so sehr.«

Und Doris Kleisch, die Mutter der 16-jährigen Stefanie, sagte in einem Interview mit den »Stuttgarter Nachrichten«: »Meine Tochter ist am 11. März 2009 erschossen worden. Das weiß ich. Und trotzdem kommt es mir manchmal so unwirklich vor, wie ein böser Traum. Andererseits gibt es viele Situationen im Alltag, bei denen der Verlust ganz konkret wird, wo Steffi eine feste Größe war in unserer Familie. Wir waren zu viert. Jetzt sind wir zu dritt, mein Mann, unser neunjähriger Sohn und ich. Das muß man lernen, üben, erleben. Alles ohne Steffi - das ist unendlich schwer und traurig. Dennoch muss es auch Momente geben, in denen die Trauer nicht die Oberhand hat. Der Verstand und das Herz benötigen mitunter Pause, sonst übersteht man das nicht.«

So geht es allen anderen Eltern auch.

»Die schwere Last der Überlebenden von Winnenden« titelte welt-online im Mai 2009.

Die Rektorin der Albertville-Realschule war in fast allen Räumen, hat die fürchterliche Angst der Schüler mitbekommen und alle Toten gesehen. Sie sagt, das werde sie nie aus dem Gedächtnis löschen, »das wird das eigene Leben für immer beeinflussen.«

Viel Zeit, Schweigen, Aushalten, psychologische Betreuung und viele Gespräche werden nötig sein. Jeder der dabei war und betroffen ist, wird die Geschehnisse anders verarbeiten. Fertig wird damit niemand, jeder muß lernen, sie in sein Leben zu integrieren. Der Zeitfaktor spielt dabei eine große Rolle. Offensichtlich ist die Psyche so eingerichtet, dass der Mensch nach einer gewissen Zeit nicht mehr diesen unmittelbaren emotionalen Zugang zu dem Geschehen hat, auch wenn die Trauer und die Sehnsucht nach dem Menschen bleiben. Winnenden bedeutet, mit etwas leben zu müssen, was man nicht begreift.

Wo bleibt die Trauer, wenn die öffentlichen Bilder verschwunden, wenn das Blumenmeer und die Kerzen weggeräumt sind und die Fernsehsender ihre Kameras auf andere Ereignisse richten? Nein, die Trauer ist nicht verschwunden, sie hat sich nur von außen ins Innere der Hinterbliebenen verlagert. Die Trauer ist unsichtbar, aber sie mit aller Wucht da. Alles kann zur Erinnerung werden und muß abgearbeitet werden und das kostet unendlich viel Kraft und allen Lebenswillen.

Zur Aufarbeitung einer Tragödie ist es wichtig zu verstehen, wie es dazu kommen konnte, zu verarbeiten, was geschehen ist, zu vergeben, wo Schuld benannt und bekannt ist, aber keinesfalls zu vergessen, denn das würde verhindern, dass nötige Konsequenzen daraus gezogen werden.

»Der Weg der Trauer beginnt erst...«, so Pfarrer Winfried Mayer Revoredo. Verzweiflung, Schmerz, Rückschläge, Ängste und Wut werden die Trauerarbeit prägen. Es wird für alle ein schwieriger und beschwerlicher Weg werden in eine einigermaßen lebbare Normalität.

Insbesondere für die Eltern und Angehörigen, für die der Verlust eines geliebten Menschen durch nichts wieder gut zumachen ist. »Dann sind sie allein, die Eltern der getöteten Kinder, mit einer unerträglich langen grauen Strecke Leben vor sich«, schreibt Susanne Gaschke in zeit.de am 26. 03. 2009.

»Wir haben lebenslänglich«, sagt Barbara Nalepa, die ihre Tochter Nicole verloren hat. Und Hardy Schober, Vater von Jana, sagte: »Mein Leben wird nie wieder so sein, wie es einmal war.«

Die Erfahrungen nach dem Amoklauf in Erfurt zeigen, dass die professionelle Nachsorge ein langwieriger Prozess ist. Und so wird das auch in Winnenden sein, für alle, die in irgendeiner Weise betroffen sind:

Für die Angeschossenen, die nicht nur am Körper verletzt wurden, sondern auch an ihrer Seele, denn sie haben Todesängste ausgestanden.

Für die Schüler und Lehrer, die ebenfalls fruchtbare Angst hatten und nicht wussten, ob sie lebend davonkommen werden und nun all diese schrecklichen Bilder des Todes und der Zerstörung zu verarbeiten haben.

Bei der Beerdigung eines der Opfer machte der Priester den Schülern Mut und gab ihnen Hoffnungsworte mit auf ihren weiteren Weg: »Ihr seid jung und dürft weiterleben. Ich wünsche Euch, dass irgendwann die Freude in Euer Leben zurückkehrt.«

»Die Seele der Schule ist verwundet«, so der baden-württembergische Innenminister Heribert Rech.

Nach dem Amoklauf war kein Unterricht mehr an der Schule möglich. Sechs Schulen in der Umgebung nahmen die Schüler auf. Doch am Montag, den 18. Mai, kehrten die Schüler in ausgelagerten Containern unweit der Schule wieder an den Ort des Geschehens zurück. Das Gebäude wird ein »neues Gesicht« erhalten, das sowohl Erinnerung als auch Neuanfang beinhaltet. Übereinstimmend haben Hinterbliebene, Schüler und Lehrer erklärt, dass sie wieder in die Schule zurückkehren wollten.

»Auf dem Weg zu einer gewissen Normalität ist es wichtig anzuerkennen, dass der 11. März zu unserem Alltag gehört«, so Rektorin Astrid Hahn. Sie will den Blick von Schülern und Lehrern in die Zukunft lenken: »Wir haben den Traum, in unser altes Schulgebäude zurückzukehren.« Und: »Wir haben auch den Traum, näher zusammen zu rücken.«

Für die Bürger von Winnenden, deren »verwundeter« Ort für immer mit diesem Ereignis in Verbindung gebracht werden wird. Der Betreiber eines Geschäftes bemerkt eine Veränderung der Menschen kurz nach dem Amoklauf. Winnenden habe sich komplett verändert. Früher sei es eine sehr fröhliche Stadt gewesen. Jetzt sei sie ernst geworden. Ein anderer Einwohner stellt eine »gewisse Art von Melancholie« bei den Menschen fest.

Für alle Helfer und Einsatzkräfte, die am Ort des Geschehens Dienst getan haben und die das Gesehene, Gehörte und Erlebte verarbeiten müssen.

Für die Menschen in Deutschland, die sich schockiert und irritiert fragen, wie so etwas in unserer Mitte passieren konnte, was das mit unserer Gesellschaft und was das mit mir persönlich zu tun hat.

Am Schluss seiner Trauerrede sprach Bundespräsident Horst Köhler direkt zu den Angehörigen. Worte, die damals wie heute ihre Gültigkeit haben: »Liebe Angehörige, meine Frau und ich, wir wünschen Ihnen Kraft und Zuversicht. Wir wünschen Ihnen, dass Ihr Leben wieder einen Rahmen findet - einen Rahmen, der Ihnen hilft, weiter zu leben, und in dem auch die Toten und Verlorenen, der Schmerz und die Trauer ihren Platz finden. Wir wünschen Ihnen die Zeit, die Sie brauchen, und Menschen, die in echter Anteilnahme bei Ihnen sind. Ganz Deutschland trauert mit Ihnen. Sie sind nicht allein.«

Von Helfern und Helden

»Die Helden von Winnenden« - so wurden Polizisten, Lehrer, Ärzte, Rettungskräfte, Notfallhelfer und Seelsorger genannt, die vor Ort engagiert und selbstlos bis an die Grenze der körperlichen und psychischen Belastbarkeit gearbeitet, geholfen und betreut haben.
Dass sich Polizisten, Rettungskräfte und Notärzte in die Schule begeben haben, obwohl nicht sicher war, wo der Täter steckte, ist heldenhaft. Denn damit haben sie dem

Leben von anderen eine höhere Priorität eingeräumt als dem eigenen. Das ist gewiss nicht selbstverständlich.

Offenbar plante der Täter ein weitaus größeres Blutbad. Darauf deuten die vielen nicht abgefeuerten Patronen hin, die er vor seiner Flucht aus der Schule zurückließ. Nur durch das sehr schnelle Eingreifen der Polizei konnte dies verhindert werden. Landespolizeipräsident Erwin Hetger sagte: «Bei seiner Tat war er bereit, alles niederzumetzeln, was ihm in den Weg kam.»

Helfer berichteten davon, dass sie so etwas wie in der Schule noch nie gesehen hätten. Und sie machen keinen Hehl daraus, dass sie Angst um ihr eigenes Leben hatten. Doch die haben sie zurückgestellt, weil sie wussten, dass andere sich auf sie verlassen. Ein Helfer meinte: »Es war wie im Krieg, wir haben einfach nur funktioniert.«

»Heldenhafte Reaktionen« haben auch Lehrer gezeigt, die, obwohl selbst verletzt, sich für den Schutz der Schüler eingesetzt haben.

»Ich denke in dieser Stunde aber auch mit großem Respekt und mit Dankbarkeit an das mutige und selbstlose Verhalten vieler anderer Lehrerinnen und Lehrer. Sie haben unter großer Gefahr die ihnen anvertrauten Schülerinnen und Schüler in Sicherheit gebracht und damit noch Schlimmeres verhindert«, so Ministerpräsident Günther H. Oettinger in seiner Traueransprache.

Bei solch einem dramatischen Geschehen kommt es zwangsläufig immer auch zu Pannen und Missverständnissen bei Polizei und Einsatzkräften, mit zum Teil schwerwiegenden Folgen. Jede derartige Tragödie läuft anders ab und ist für alle Beteiligten eine extreme Ausnahmesituation mit vielen unbekannten und manchmal entscheidenden Details.

Wo es um Leben und Tod geht, spielt der menschliche Faktor immer eine Rolle. Und der ist nicht kalkulierbar und nicht planbar. Es ist aber davon auszugehen, dass jeder in einer speziellen Situation sein Bestes und Menschenmöglichstes gibt, um die richtige Entscheidung zu treffen. Und dann gilt, egal wie der Ausgang ist: Nachher ist man immer schlauer.

Selbstverständlich müssen Pannen aufgearbeitet, analysiert und die Verantwortlichen zur Rechenschaft gezogen werden, um Lehren für die Zukunft daraus zu ziehen. Aber eine öffentliche Verurteilung, ohne Kenntnisse der genauen Hintergründe und Umstände, ist sicherlich nicht die richtige und angemessene Art und Weise des Umgangs damit.

Eine ganz normale Familie

Die Familie des Amokläufers reiht sich ein als eine von vielen in die 3000 Einwohner zählende Heimatgemeinde. Alle sind im Gemeinde- und Vereinsleben eingebunden. Der Vater, ein angesehener Unternehmer, ist Mitglied im Schützenverein. Er besitzt legal 14 Waffen und 4600 Schuss Munition. »Bis zu dem furchtbaren Geschehen waren auch wir eine ganz normale Familie«, schrieben sie in einem offenen Brief an die Angehörigen.

Wie immer man die Mitschuld der Eltern sieht, insbesondere die des Vaters, der die Waffe nicht ordnungsgemäß weggeschlossen hatte, so darf man doch nicht vergessen: sie haben eine fast unmenschliche Bürde zu tragen. Der eigene Sohn begeht auf brutale Weise Selbstmord, nachdem er auf die gleiche brutale Weise 15 Menschen hingerichtet und viele schwer verletzt hat und eine ganze Stadt, ein ganzes Land in Schock, Trauer und Fassungslosigkeit versetzt hat. Das haben, bei aller Mitschuld. die unzweifelhaft da ist, keine Eltern verdient. Der katholische Bischof Gebhard Fürst sagte, dass es wichtig sei, auch an diese Familie zu denken: »Die sind auch in einer erbarmungswürdigen Situation.«

Im September 2009 überschlugen sich noch einmal in den Medien die Meldungen um die Person des Amokläufers, nachdem die 30 Aktenordner umfassenden Ermittlungsakten der Polizei vorlagen. Wie krank war er wirklich und inwieweit hätten die Eltern dies erkennen und der Vater infolgedessen die Waffe unerreichbar für den Sohn verschließen müssen? Über die Auswertungen der Ermittlungsakten gab es unterschiedliche Meinungen, die auch in gegenseitige Vorwürfe mündeten, wer alles durch Fehleinschätzung und Nichtwahrnehmung von Gewaltanzeichen eine Mitschuld trage. Bei alledem ging es letztlich um die Frage nach der direkten Mitschuld des Vaters.

Jens Rabe, der Rechtsanwalt von Opferfamilien, fasste deren Anliegen auf Anklage des Vaters in einem Interview mit den »Stuttgarter Nachrichten« zusammen: »...ist der Mörder. Bei dem Vater geht es um ganz andere Fragen: Wie gestaltete sich der Umgang in der Familie mit ...? Wurde auf den Jungen emotional eingegangen? Wann und wie haben die Eltern die psychischen Probleme des ... wahrgenommen? Haben sie entsprechend reagiert? Ich denke, ein Gerichtsverfahren wäre für beide Seiten eine Chance, mit ihren Standpunkten gehört zu werden, um dann den Blick wieder besser in die Zukunft richten zu können. Es geht um Aufklärung, nicht um Bestrafung.«

Doch er räumte auch ein: »Ob man nach einer Verhandlung mehr weiß, steht auf einem anderen Blatt, aber man muss es auf jeden Fall versuchen.«

Die Staatsanwaltschaft Stuttgart erhob im November 2009 Anklage gegen den Vater. Die Vorwürfe lauten auf fahrlässige Tötung in 15 Fällen, fahrlässige Körperverletzung in 13 Fällen und Verstoß gegen das Waffengesetz.

Zwei Briefe haben die Eltern des Täters an die Angehörigen geschrieben, in denen sie ihr tiefes Mitgefühl und die völlige Unbegreiflichkeit über die Tat ihres Sohnes zum Ausdruck bringen: »Wir hätten ... so etwas nie zugetraut und kannten ihn anders.«

Dieser Satz ging durch die Medien und gibt noch heute zu denken. Ein offenes Eingeständnis, aber auch ein Weckruf an alle Eltern: was weiß ich wirklich von meinem Kind? Und wer sich selbst anschaut, wird sich eingestehen müssen, dass wir nicht immer die sind, die wir nach außen hin abgeben. Das müssen nicht unbedingt Abgründe sein, aber jeder hat seine dunklen Stellen, von denen niemand etwas weiß.

Sicherlich ein ganz wichtiges und wegweisendes Zeichen war der Entschluss und die Bekanntgabe des Vaters, nie mehr eine Waffe anzufassen. Das fand sehr viele Nachahmer. Noch im Mai desselben Jahres haben sich die Eltern offiziell von der Gemeinde abgemeldet und das Haus zum Verkauf angeboten.

Wir dürfen und sollen auch mit diesen Eltern trauern. Das Furchtbare daran ist, dass nichts mehr rückgängig gemacht werden kann. Es gibt keine zweite Chance, weder für ... noch für seine Eltern. Sie sind die Täterfamilie, aber sie sind auch Opfer. Mit dieser Feststellung wird nichts gut geredet oder relativiert.

Auch Anwohner von ihnen bekundeten Mitleid. So sagt ein Rentner, der eine Straße weiter wohnt: »Die sind genauso Opfer wie die 15 Menschen, die ihr Sohn erschossen hat, und deren Angehörige.«

Und immer dürfen wir nicht vergessen: wir sind und bleiben Menschen, die Fehler machen, manchmal mit fatalen Folgen. Und keiner kann sich davon ausnehmen. Wir werden am Anderen schuldig, mal mehr, mal weniger. Und wir sind alle darauf angewiesen, dass uns vergeben wird, genauso wie wir bereit sein sollten, jenen, die an uns schuldig geworden sind, uns verletzt oder Leid zugefügt haben, zu vergeben. Davon lebt jede menschliche Gemeinschaft. Freilich, das braucht Zeit, der eine braucht länger, der andere kürzer.

Dass Unbekannte vor dem Haus des Täters Kerzen abgestellt haben, ist Zeichen der Anteilnahme an ihrem schweren Schicksal, aber auch eine Botschaft dahingehend: Ihr gehört weiterhin dazu, ihr seid und bleibt Teil unserer Gemeinschaft.

Und die Medien sind dabei

Soweit das Auge reicht: umherschwenkende Kameras, herumfuchtelnde Mikrofone, klickende Fotoapparate, umher rennende Reporter mit Schreibblöcken. Die »tageszeitung« bringt es auf den Punkt: »Eine Stadt wird von Medien belagert«

Mit der Kleinstadtidylle ist es vorbei. Die fassungslosen und geschockten Menschen sind überfordert und genervt. Ruhe und Gelegenheit zur Besinnung gibt es höchstens im privaten Bereich. Was sie bisher nur vom Fernsehen her kannten, waren sie auf einmal selbst.

In der Öffentlichkeit arbeitet gnadenlos die Medienmaschinerie: alles und jeder wird ins Visier genommen, um auch aus dem winzigsten Detail noch irgendetwas herauszuholen, was geschrieben oder gesendet werden kann. Die Wahrheit bleibt da schon mal auf der Strecke und stellt sich später als journalistische »Ente« (Falschmeldung oder Irrtum) heraus.

Bei solch einem Ereignis stehen die Medien naturgemäß immer in der Kritik. Sie bewegen sich zwischen Information und Sensation.

Der Medienrummel sorgt für Unmut, weil die Menschen vor Ort alles gebrauchen können, nur keine aufdringlichen Reporter und sensationsgierige Paparazzi. Das Recht des Bürgers auf umfassende Informationen steht der Informationspflicht der Medien gegenüber und da kollidieren die Auffassungen.

Keine Frage, die Medien leisten durch die zusammengetragenen Informationen und Hintergrundberichte Aufklärungsarbeit, die gerade auch für die Trauerarbeit sehr wichtig ist. Denn nur wenn wir etwas verstehen, können wir das Unerklärliche besser einordnen, verarbeiten und Schlüsse daraus ziehen.

Und auch dies: Journalisten sind nicht immer so abgeklärt, wie es im Allgemeinen scheinen mag. Auch sie zeigten sich vor Ort tief bewegt und hatten Tränen in den Augen beim Betrachten der Fotos, die sie an ihre Redaktionen schickten oder wenn überlebende Schüler erzählten, wie Mitschüler am Nebentisch tot zusammenbrachen.

Dann gibt es aber eben auch die reißerische, spektakuläre und ehrverletzende Berichterstattung. Angehörige und

Schüler reagierten mit Unverständnis auf aufdringliche Journalisten und forderten sie auf zu verschwinden. An der Tür des Gymnasiums neben der Albertville-Realschule hing ein Schild: Keine Presse - Gegen Presse

Ganz besonders schlimm ist es, wenn Menschen weinen und sie dabei fotografiert und gefilmt werden. Darunter haben auch die Menschen in Winnenden gelitten. Sensibilität und Rücksichtnahme gegenüber trauernden Menschen waren einfach nicht gefragt. Die Sensationsgier kennt bei manchen keine Grenze. Die Penetranz der Vorgehensweise einiger Medienleute war kaum zu ertragen. Wütende Gemeindemitglieder wiesen beim anstehenden ökumenischen Gottesdienst Fernsehteams, die bereits ihre Kameras postiert hatten, in ihre Schranken und zwangen sie, alles wieder abzubauen.

Auch dieser Vorwurf wurde laut: Einige Medienvertreter respektierten nicht die Gefühle der Angehörigen. Es wurden Bilder und Privates von den Opfern veröffentlicht, ohne es vorher von den Angehörigen autorisieren zu lassen.

Vielfach kritisiert wurde des Weiteren, dass der Täter immer wieder und vor allem großflächig abgebildet wurde. Was sich die Angehörigen der Opfer von den Medien gewünscht hätten, wäre eine Berichterstattung gewesen, in der nicht der Täter dauernd im Vordergrund steht, sondern die Opfer und vor allem, welch unendliches Leid er über Familien gebracht hat.

»Wir wollen, dass die Medien so ausgewogen berichten, dass auch nicht der Hauch eines Glanzes am Täter hängen bleibt. So dass sich niemand ermutigt fühlt, es ihm gleichzutun!«, so Gisela Mayer, Pressesprecherin des »Aktionsbündnis Amoklauf Winnenden« in einem Interview.

Es war tatsächlich so: wenn in den folgenden Wochen über Winnenden berichtet wurde, war zumeist das Täterbild zu sehen. Dabei wissen die meisten Menschen ohnehin schon am selben Tag wie der Täter aussieht und dieses Bild prägt sich ein. Ob man ihm durch das wiederholte Veröffentlichen ein mediales Denkmal setzen muß, ist wirklich die Frage.

Denn ganz bestimmt spielt ein Amokläufer vorher auch gedanklich damit, wie er durch seine Tat im Fokus des globalen Medieninteresses steht und er, je öfter Fotos von ihm gezeigt werden, umso stärker er im Gedächtnis der Menschen präsent bleibt.

Schwer festzumachen und für die Aufklärung nicht wirklich hilfreich ist der Vorwurf, die Medien hätten Schuld am Amoklauf. Denn der Täter konnte davon ausgehen, dass er zum (Negativ-) Medienstar (black hero) hochstilisiert würde, so ein Argument.

In einem offenen Brief forderten Opfer-Familien, dass bei Gewaltexzessen wie in Winnenden die Medien dazu verpflichtet werden sollten, den Täter zu anonymisieren, da dies eine zentrale Komponente zur Verhinderung von Nachahmungstaten sei. Der Name des Amokläufers solle demnach nicht mehr genannt und auch keine Fotos von ihm gezeigt werden, um so eine Heroisierung des Täters zu verhindern. Ob dies in einem Land der Meinungs- und Pressefreiheit allerdings durchsetzbar ist, ist mehr als fraglich.

In der Wirtschaft gibt es den »Code of Conduct«, das ist der englische Begriff für einen Verhaltenskodex, zu dem sich Unternehmen, Organisationen und Wirtschaftsbranchen selbst verpflichten, um bestimmte Regeln und Verhaltensmuster einzuhalten.

Nicht alles, was an Beiträgen veröffentlicht wird, ist wirklich wichtig und nicht alles muß und möchte der Medienkonsument wissen. Es gibt auch so etwas wie eine Überberichterstattung und die traf auch auf Winnenden zu. In der FAZ erschien ein Artikel zum Thema Winnenden und die Medien mit der Überschrift »Wir Voyeure«. Da fragt sich, wer die Voyeure sind, die Medienmacher oder die Medienkonsumenten? Werden letztere oft nicht vielmehr zu Voyeuren gemacht?

Es ging darum, dass in einem Internetportal der Weg des Amokläufers, ähnlich einem Ego-Shooter, nachgestellt wurde, allerdings ohne Waffe. Und in einem ins Internet gestellte Handy-Video konnte man die letzten Minuten des Täters vor dem Autohaus miterleben, bis er tot am Boden liegt.

Die FAZ schreibt in dem Artikel: »Der Amoklauf ist zu einem Medien-Highlight geworden. ... gehören seit Mittwoch die Schlagzeilen. Dabei reicht es nicht, nüchtern und sachlich die Fakten wiederzugeben, jedes noch so kleine vermeintliche Detail wird bestmöglich vermarktet, jedes Gerücht dankbar aufgegriffen.«

Ernüchternd ist es dann am Schluss schon, dass alle zusammengetragenen Informationen die Tat nicht erklären können.

Journalistenschelte kam vom Deutschen Journalisten-Verband, der die Berichterstattung über den Amoklauf scharf kritisierte. Einige Journalisten hätten den Internetdienst Twitter zur Selbstdarstellung genutzt und seien dabei pietätlos gegenüber den Opfern und ihren Angehörigen vorgegangen. Damit schadeten sie dem Ansehen des journalistischen Berufsstandes. Bundesvorsitzender Michael Konken verwies auf die Chronistenpflicht von Journalisten. Bei derartig tragischen Ereignissen gelte es, die sachliche Berichterstattung

in den Mittelpunkt zu stellen und so der besonderen Verantwortung der Medien nachzukommen.

Der Deutsche Presserat (das ist die freiwillige Selbstkon-
trolle der Presse in Deutschland) rügte Amoklauf-Berichte
mit geschmacklosen Grafiken, fragwürdigen Fotomontagen
und unerträglich provokativen Überschriften, wodurch der
Täter unangemessen sensationell in Heldenpose dargestellt
wurde. Auch wurden durch Berichte in die Persönlichkeits-
rechte von Betroffenen und Angehörigen eingegriffen. Ob
das wirklich die betreffenden Medienleute beim nächsten
Großereignis davon abhält, darf bezweifelt werden. Denn
nur wer etwas zu berichten hat, was die anderen nicht haben, hat die Nase vorne. Und am Schluss zählt immer die
Quote, weil nur die sich auszahlt. Der wirtschaftliche Druck
ist groß und die Chance ihm zu entgehen klein. Deshalb gilt
es, a-l-l-e-s zu vermarkten und sei es der abgebrochene
Fingernagel eines Toten. Geschmacklosigkeiten immer in-
klusive.

Aufgrund einer Vielzahl von Beschwerden nahm der Deutsche Presserat das brisante Thema im September 2009
in einer gemeinsamen Sitzung mit Experten aus der Wis-
senschaft noch einmal auf, um über Wirkungen und die
möglichen Folgen von Amoklauf-Berichterstattungen zu
diskutieren.

»Wenn über einen Amoklauf berichtet wird, muss der Op-
ferschutz im Vordergrund stehen. Medienberichte dürfen
nicht zu weiteren Opfern führen«, so Prof. Dr. Rüdiger Wulf,
Kriminologe und Viktimologe von der Universität Tübingen.

Ebenfalls zur Zurückhaltung in der Berichterstattung über
den Täter riet Prof. Dr. Herbert Scheithauer, Entwicklungs-
psychologe und Wirkungsforscher von der Freien Univer-

sität Berlin. Die Journalisten sieht er hier in einer großen Verantwortungsrolle, zumal eine gewisse Form der Berichterstattung mögliche Nachahmungstäter bestärken könnten. »Nicht den Täter und seine Motive in den Vordergrund rücken, sondern die Tat, keine Klischees fördern, keine Bilder vom Täter zeigen und keine Namen nennen«, so Prof. Scheithauer.

Wie das allerdings in der Praxis aussehen soll, muss sich zeigen. Die Sitzungs-Teilnehmer waren sich darin einig, »dass der Grat zwischen der Wahrnehmung des öffentlichen Auftrags der Medien und presseethischen Grenzverletzungen bei einem Ereignis wie in Winnenden schmal sei«, heißt es in der Mitteilung des Presserates.

Und wie hat die Zeitung vor Ort reagiert?

In ihrem Artikel »Schaltet die Kameras aus!«, schreibt focus.de: »Und vielleicht hat ausgerechnet das kleinste aller anwesenden Medien die fairste Lösung im Umgang mit diesem tragischen, traurigen Tag gefunden. Statt Täter und Opfer in großen Bildern abzubilden, bleibt die Titelseite des kleinen Lokalblatts »Winnender Zeitung« am Donnerstag fast leer. Fünf große weiße Buchstaben heben sich von dem pechschwarzen Hintergrund ab. Zusammen bilden sie das Wort WARUM?«

Das zeigt: es geht auch anders, besser, würdevoller.

Allgegenwärtige Gewalt

Gewalt ist in unserer Gesellschaft quer durch alle sozialen Schichten in jeder Form allgegenwärtig. Keine Sekunde ohne Gewalt. Ob im täglichen Leben, in Filmen, Büchern,

Zeitungen, im Internet, in Spielen, in der Musik oder im sprachlichen Umgang. Gewalt gibt es in den eigenen vier Wänden, im Straßenverkehr, in Kriegs- und Krisengebieten, in Einrichtungen, in der Schule, auf öffentlichen Plätzen. Kein Lebensbereich, wo Gewalt nicht stattfindet, ob schlagen, stechen, schießen, treten, vergewaltigen, beißen, an den Haaren ziehen, kratzen, wegstoßen.

Es gibt körperliche Gewalt gegen andere und gegen sich selbst, psychische, wie Nötigung, Verleumdung, Beleidigung, Bedrohungen, mobbing, stalking, Erpressung. Und dann gibt es die strukturelle Gewalt, die in unserem System begründet ist: alles, was dem Macht- und Gewinnstreben hinderlich ist oder sich entgegenstellt, wird niedergemacht und zerstört.

Gewalt ist Teil unseres Lebens, Teil unserer Kultur. »Gewalt wird zur Plage für die Gesellschaft«, schreibt welt-online am 30. 08. 2009.

Anderen Gewalt zufügen

Wenn jener,
der anderen Menschen
Gewalt zufügt
(insbesondere Kindern),
dieselbe Gewalt
am eigenen Leib
erleiden müsste,
würde er sehr wahrscheinlich
aus nachvollziehbaren Gründen
davon ablassen,
anderen Menschen

die Gewalt zuzufügen,
die er eigentlich selbst
am eigenen Leib
erleiden müsste.

Gewaltdelikte nehmen zu

Zunehmende Gewalt ist das, was alle wahrnehmen und beklagen. Während bei Mädchen die Gewalt eher nach innen, gegen sich selbst, gerichtet ist, wendet sie sich bei Jungen nach außen, gegen Personen und Sachen.

Die Polizeiliche Kriminalstatistik stellt fest, dass »bei Teilen der Jugendlichen eine erhöhte Gewaltbereitschaft bei gesunkener Hemmschwelle und teilweise brutalem Vorgehen festzustellen ist.« Und immer spielt Alkohol dabei ein große Rolle, sowie die Gruppendynamik in Cliquen.

Aber auch bei Erwachsenen reißt immer mehr und immer schneller der Geduldsfaden und sie lösen ihre persönlichen Probleme selbst und wenden dabei zum Teil massive Gewalt an.

Menschen sind nicht mehr bereit, alles hinzunehmen und sich alles gefallen zu lassen. Aggressivität als Reaktion auf die Unverschämtheiten und Ungerechtigkeiten des Lebens, aber auch als »die letzte Zuflucht des Unfähigen«, wie der amerikanische Wissenschaftler Isaac Asimov Gewalt bezeichnet.

Es ist die Unfähigkeit, Probleme und Konflikte mit anderen, gewaltfreien und angemessenen Mitteln zu lösen.

Zwei Beispiele mit unterschiedlichen Motiven mögen hier für die vielen anderen stehen, die täglich stattfinden.

So hat sich ein 44-jähriger Mann im August 2009 nach mehreren Brandanschlägen mit hohem Sachschaden in einem

Haus verschanzt, wo er einen Tag lang die Polizei mit einem Großaufgebot beschäftigte, weil vermutet wurde, dass er weitere Sprengsätze bei sich hat. Grund für diese Tat: »Mir stinkt es, dass gute Arbeit nicht bezahlt wird.« Mehrere säumige Kunden, bei denen er handwerkliche Arbeiten erledigte, bezahlten nicht und nun war sein Konto leer und hinzu kam auch noch eine Räumungsklage von seinem Vermieter.

Ein Tag vorher hatte ein Mann drei Menschen getötet. »Der 71-jährige Tatverdächtige habe zur Waffe gegriffen, um den Streit um die Immobilie zu beenden, die wegen der Scheidung der Tochter von ihrem Ehemann zwangsversteigert werden sollte... Der Tatverdächtige habe erklärt. er wolle in dem andauernden Rechtsstreit »endlich einen Fortschritt« haben, schrieb faz.de

Die Spirale der Gewalt scheint endlos. »Gewalt ist ansteckend wie Cholera«, meint der Psychiater Friedrich Hacker. Trotzdem ist die Lage nicht hoffnungslos. Denn so wie man heute Mittel zur Bekämpfung der Cholera hat, so lässt sich auch Gewalt durch Aufklärung und vorbeugende Maßnahmen bekämpfen.

»Eine kontinuierliche Schwerpunktsetzung und eine Anstrengung der gesamten Gesellschaft'' seien erforderlich zur Eindämmung der Jugendgewalt, so die Polizeiliche Kriminalstatistik.

In einem offenen Brief vor der Trauerfeier forderten Familien von Opfern politische Konsequenzen zur Eindämmung von Gewalt. Eine Gesellschaft ohne Gewalt wird es zwar nie geben, aber eine Gesellschaft in der Gewaltverherrlichung geächtet und zurückgedrängt wird, ist möglich.

Tatort Schule

Die größten Demütigungen erfahren Menschen in Schulen. Achtzig Prozent, so Norbert Saupp, der zur schulischen Krisenintervention »Sinus« gehört. »Das ist ein Potential für Gewalt und daran müssen wir arbeiten.« Auch nach dem Amoklauf in Ansbach im September wurde noch einmal eindringlich die Forderung nach einem Frühwarnsystem an Schulen laut. Diese sieht vor, dass an jeder Schule mindestens eine Ansprechperson, wie Schulpsychologe und/oder Sozialarbeiter, ständig präsent ist, sowohl für Einzel- als auch vermittelnde Gespräche zwischen Lehrer und Schüler.

»Die Schule ist ein Ort der Gemeinschaft, der Bildung und der Erziehung; ein Raum des Miteinanders von Lernenden und Lehrenden; ein Raum, in dem Kinder, Jugendliche und Erwachsene Tag für Tag immer wieder aufs Neue lernen müssen, einander zu respektieren und miteinander auszukommen. Dieser Raum ist auf brutale Weise verletzt und zerstört worden: durch einen ehemaligen Schüler, dem diese Schule nur das Beste für seine Zukunft mitgeben wollte,« so der damalige Ministerpräsident Günther H. Oettinger in seiner Rede bei der Trauerfeier.

Von verschiedenen Seiten wurde davor gewarnt, Schulen zu Hochsicherheitstrakten auszubauen. Das könne und dürfe nicht die Antwort sein und wäre auch nicht im Sinne der Schulen. Bei der sehr detaillierten und emotionalen Berichterstattung kann man den Eindruck gewinnen, dass Amoklaufen ein durchgängig großes Problem ist. Nach Auffassung des Dortmunder Soziologen Friedrich-Wilhelm Stallberg stellen Amokläufe in Deutschland jedoch eine äußerst seltene Form extremer Gewalt dar.

In Deutschland gibt es viele Initiativen und Einrichtungen,

die es sich zur Aufgabe gemacht haben, etwas gegen sich weiter ausbreitende und eskalierende Gewalt zu tun. So wie auch das kurz nach der Tat gegründete »Aktionsbündnis Amoklauf Winnenden« mit seiner »Stiftung gegen Gewalt an Schulen«

Woher kommt bloß die Gewalt in mir?

Das fragen sich viele. Ganz allgemein kann man sagen, dass Menschen aus den unterschiedlichsten Gründen unzufrieden und unglücklich sind und nicht wissen, wie sie ihren Frust, ihren Hass, ihren Schmerz, ihre Enttäuschungen, ihre Aggressionen, ihre Versagensängste, ihre Verzweiflung und ihre Wut auflösen können. So sind Sucht, Gewalt und Rückzug ins Private die bekanntesten Ventile.

Und es hat auch etwas mit der sozialen Kälte in dieser Gesellschaft zu tun. Einige Wochen nach Winnenden gab es in den Medien kurzzeitig eine Diskussion, ob es soziale Unruhen geben werde oder nicht. Eines wurde dabei deutlich: es rumort im Volk. Die Bürger merken, dass die Fehler und Versäumnisse in der Wirtschaft und Politik auf ihrem Rücken ausgetragen werden und sie fühlen sich, gerade auch durch die Finanzkrise, verschaukelt und abgezockt.

»Ja, es gibt ein zunehmendes Klima der Gewalt, auch in Deutschland. Aber es entspringt nicht (nur) einer allgemeinen Verrohung der Köpfe und Sitten. Es hat (auch) reale Ursachen wie Lehrstellenmangel, Arbeitslosigkeit, schlechte Schulen und einen beinharten ökonomischen Wettbewerb um einen Platz im Leben und in der Gesellschaft. Daran, auch daran müssen wir arbeiten. Wir müssen darüber nachdenken, wie wir wieder ein gesellschaftliches Klima schaffen, in dem Menschen, junge zumal, versagen können, ohne gleich ausgesondert zu werden oder sich nutzlos zu fühlen« schreibt Ludwig Greven in ZEIT online am 21. 11. 2006 in dem Artikel »Hilflose Gewalt«.

Killerspiele wirken enthemmend

Zur Frage, wie durch Killerspiele Gewalt der Boden bereitet und die Hemmschwelle herabgesetzt wird, sagte der Journalist Dagobert Lindlau in einer Talkrunde bei Maybrit Illner anlässlich des Winnender Amoklaufes: Studien hätten gezeigt, dass 80 Prozent der amerikanischen Soldaten zunächst Hemmungen hätten, auf Menschen zu schießen. Aber nach Schulungen mit Programmen, die Killerspiele ähnlich sind (wie ... sie übrigens auch auf seinem Computer hatte) sinke der Anteil auf 20 Prozent.

Und das bedeutet im Klartext; Killerspiele wirken sich auf jeden Fall negativ auf Kinder und Jugendliche aus. In der Talkrunde wurde deshalb gefragt, weshalb es sie noch immer gäbe und weshalb Deutschland schon so oft folgenlos über Computer-Ballerspiele diskutiere.

Medien sind mitverantwortlich

Laut einem Allensbacher Bericht aus dem Jahr 2002 sagen 78 Prozent der Befragten: »Medien sind mitverantwortlich für jugendliche Gewalttaten.« Die Bevölkerung halte die allgegenwärtige Gewalt in den Medien schon sehr lange für hochgradig bedenklich und gefährlich.

Doch im Zeitalter des globalen Medienmarktes ist eine gesetzliche Reglementierung unmöglich. Wo will man anfangen, wo aufhören? Selbst wenn in Deutschland diesbezüglich alles Mögliche gesetzlich geregelt wäre, sind da die anderen Länder, die das eben nicht so handhaben und per Mausklick sekundenschnell zu erreichen sind. Und dann auch: wo Verbote sind, blüht der Schwarzmarkt auf. Landesjustizminister Ulrich Goll verweist auf die Eltern und die Gesellschaft, die in ihrem Konsumverhalten und in ihrer Werte-Erziehung gegensteuern müssten.

Bundespräsident Horst Köhler hat in seiner Trauerrede darauf hingewiesen, dass Gewalt bei uns schon lange gesellschaftsfähig geworden ist und man darum wisse, »dass in ungezählten Filmen und Computerspielen extreme Gewalt, die Zurschaustellung zerstörter Körper und die Erniedrigung von Menschen im Vordergrund stehen.« Und weiter: »Sagt uns nicht der gesunde Menschenverstand, dass ein Dauerkonsum solcher Produkte schadet? Ich finde jedenfalls: dieser Art von ‚Marktentwicklung‘ sollte Einhalt geboten werden.«

Das heimliche Gewissen der Nation

Spectaculum Vitae in der dritten Dimension,
das Bild ist da, die Sorgen verschwunden.
Wundervolle Therapie!
Die allabendliche Orgie beginnt
vor den Nachrichten, per Kopfdruck.
Eine imaginäre Hausfrau singt die Soap Opera
in porenreiner Stimme.
Aktuelle Leichen werden körperwarm präsentiert,

ein optischer Leckerbissen, in Farbe,
das sterbende Auge in Nahaufnahme.
Versteckte Kitzeleien zielen
auf die untere Körperhälfte.
Die sanfte Gewalt lächelt
g-n-a-d-e-n-l-o-s freundlich.
Das Kurzzeitgedächtnis entspricht
dem langen Abendprogramm, in Stereo,
das abendfüllende, kurze Lebensprogramm.
Nur die Titel wechseln, die Perversion,
die aufgezeichnete Wirklichkeit,
hat viele Gesichter, hat viele Themen.
»Haben Sie Ihre Gebühren schon bezahlt?
Hier spricht das heimliche Gewissen der Nation!«
Noch gibt es Fernsehen nicht auf Rezept,
auch wenn Sehsucht auf Dauer blind macht.
Das letzte Wort hat nicht die Frau,
hat nicht der Mann,
das letzte Wort hat der Nachrichtensprecher,
zum Sendeschluss,
Gute-Nacht-Geschichten,
Der Stoff, aus dem die Träume sind.
Es folgt die Programmvorschau
für den nächsten Tag,
der schon begonnnen hat.

Gewaltvolle Sprache

Gewalt gibt es auch in unserer Sprache, wie nur einige we-
nige Beispiele aus den Medien zeigen:

Eine Online-Überschrift am 07. 05. 09 lautete: »Barack Obama sagt blutige Zeiten voraus«
Liest sich wie eine Kriegserklärung,

In einer bekannten Tageszeitung war die Überschrift im Mai zu lesen, also kurz nach Winnenden:
»Europawahl - Seehofer ist die letzte Kugel im Lauf der CSU«

Beim Streit um Steueroasen nannte ein Politiker (den damaligen) Bundesfinanzminister Peer Steinbrück einen »Verbalradikalen«.
Bei Demonstrationen stehen die Radikalen stets unter besonderer Polizeibewachung, als potentielle Feinde der Demokratie!

Oder die überfallartige Drohung »SPD-Führung geht frontal auf Merkel los«

Gewalt überwinden

»Gewaltlosigkeit als Lebensprinzip«, dafür plädiert Arun Gandhi, Enkel von Mahatma Gandhi, dem Anführer der indischen Unabhängigkeitsbewegung. Darum geht's und das geht natürlich nur, wenn man alle Waffen ablegt, auch die inneren. Es gelte, anderen Menschen mit Demut, Respekt und Liebe zu begegnen, bei Konflikten gemeinsam nach Lösungen zu suchen und im Frieden mit sich selbst und mit anderen zu leben. Der Wandel dorthin beginne bei jedem Einzelnen, so Arun Gandhi in einem Vortrag.

Ist nach Winnenden vor Winnenden?

Die bange Frage lautet: Ist nach Winnenden vor Winnenden?

»Wir müssen auch dafür sorgen, dass so etwas nie wieder passiert«, erklärte Jürgen Kieser, Bürgermeister von Weiler am Stein.

Und auch Hardy Schober, der seine Tochter verloren hat und heute im »Aktionsbündnis Amoklauf Winnenden« tätig ist, sagte nachdrücklich: »Es darf kein zweites Winnenden geben!«

Doch schon am 11. 05. 2009 wurden wir erneut aufgeschreckt und von der Realität eingeholt, als die Nachricht online zu lesen war: »Nach dem Amokalarm an einem Gymnasium bei Bonn hat die Polizei Entwarnung für die Schüler gegeben. Die Täterin ist weiter flüchtig. Sie hatte offenbar nicht nur Messer dabei.«

Sie wurde später gefasst, ohne dass etwas passiert ist. Das war das erste Warnsignal danach. Weitere Amoklaufandrohungen und Amokläufe mit vergleichsweise weniger Toten haben seither stattgefunden.

Und mit dem 17. September 2009 sind wir endgültig wieder von der bundesrepublikanischen Wirklichkeit eingeholt worden. Im mittelfränkischen Ansbach stürmte ein 18-jähriger Gymnasiast in das Carolinum-Gymnasium. Bewaffnet mit einer Axt, zwei Messern und drei Molotow-Cocktails verletzte er wahllos acht Schüler und einen Lehrer zum Teil schwer, bevor er von der Polizei kampfunfähig geschossen wurde. Nur durch die besonnene Reaktion eines Mitschülers und das schnelle Eingreifen der Polizei konnte Schlimmeres verhindert werden.

Und wieder war es ein junger Mann und wieder stand die

Frage nach dem Warum im Raum, wieder waren es andere Motive, andere Ursachen und andere Waffen.

Das alles zeigt: Amokläufe sind nicht auf eine Formel zu bringen. Jeder Amoklauf geschieht vor einem anderen Hintergrund und jeder verläuft anders.

Sind Amokläufe zu verhindern?

»Amoklauf kann kaum verhindert werden«, lautete nach Winnenden eine Überschrift in welt.de. In dem Artikel wird der Polizeipsychologe Martin Jakubeit mit der Feststellung zitiert: »Empirische Untersuchungen zeigen, dass sich ein Amoklauf an jedem Ort und in den unterschiedlichsten Kontexten ereignen kann.«

Auch die Kriminologin Prof. Dr. Britta Bannenberg, die sich viel mit diesem Thema beschäftigt, sagt, dass Gewalttaten und Amokläufe an Schulen mit allgemeinen Präventionsprogrammen nicht zu verhindern sind. Jedoch gäbe es viele kleine Hinweise, etwa Andeutungen gegenüber Gleichaltrigen. Jede Drohung Jugendlicher mit Gewalttaten müsse ernst genommen werden, selbst wenn sich im Nachhinein herausstelle, dass kein Amoklauf geplant war, sagte sie beim erstmals öffentlich tagenden Sonderausschuss des Landtags zum Amoklauf in Winnenden.

Der Bielefelder Gewaltforscher Wilhelm Heitmeyer sagte in einem ZEIT-Interview (17. 4. 2007): »Jede Schule und Hochschule möchte natürlich solche Gewalttaten verhindern, auch weil es dem eigenen Ruf massiv schadet. Solche äußerlichen Sicherheitsmaßnahmen bringen aber häufig wenig. In Schulen beispielsweise ist es viel wichtiger, dass

Informationen und Anzeichen, die auf die Vorbereitung zu solchen Taten hinweisen können, wie etwa die Vereinsamung von Schülern oder Andeutungen auch im Internet, weitergegeben werden. Das kann viel eher zur Verhinderung dieser Taten beitragen. Reine Sicherheitsmaßnahmen reichen nicht. Auch Waffengesetze allein helfen nicht weiter. Denn wer sich zu einem Amoklauf entschlossen hat, wird sich die Waffen schon besorgen.«

Ist ein Amokläufer vorher erkennbar?

Auf einer Pressekonferenz der Polizei kurz nach der Tat wurde mitgeteilt, dass der Täter kriminaltechnisch noch nie in Erscheinung getreten sei und es habe auch keine Anzeichen oder Neigungen zu einer Amoktat gegeben.

Ein Vorwurf lautete, dass eine bessere schulpsychologische Betreuung hätte Hinweise geben können auf die Gefährlichkeit des Täters. Baden Württembergs Kultusminister Helmut Rau widersprach: »Es gibt Situationen, die sind nicht zu entschlüsseln.« So habe der Täter eine zweite Identität gehabt.

Will heißen, man müsste einen potentiellen Amokläufer ins Herz und in den Kopf schauen können, um seine Absichten und Pläne zu erkennen.

Der Göttinger Soziologe und Publizist Wolfgang Sofsky schrieb in welt.de. die sehr ernüchternde Einschätzung: »Der Täter von Winnenden entstammt, wie es heißt, einer Unternehmerfamilie. Die Idee, mit Schulreformen, Waffenkontrollen, Medienzensur oder psychologischer Dauerhilfe ließe sich auch nur ein einziges Massaker vereiteln, ist nichts als törichtes Wunschdenken. Amokläufe konfrontieren die

Gesellschaft mit ihrer Ohnmacht. Die Zerstörungswut des Individuums ist nahezu unbegrenzt.«

Zu pessimistisch? Leider nicht. Die Trittbrettfahrer, so harmlos sie auch aufgetreten sind und dingfest gemacht werden konnten, zeigen eines deutlich: da ist noch viel Potential, viel Frust und unbändige Wut vorhanden. Und auch der Fantasie, wie ein Amoklauf mit welchen Waffen durchgeführt werden kann, sind keine Grenzen gesetzt.

»Wer ernsthaft eine Gewalttat vorhat, distanziert sich nicht von seinem Plan«, so die Kriminologin Prof. Dr. Britta Bannenberg. Sie mahnt zu mehr Wachsamkeit. Lehrer, Eltern und Jugendvertreter müssten das Gespräch suchen, wenn ein Schüler Drohungen äußere.

Wie hilflos sind wir?

»...hat das Böse gezeigt, das in uns Menschen liegt. Wir können es per Gesetz, durch Polizeipräsenz und durch Prävention eindämmen. Aber es bleibt und bricht aus«, schreibt Wolfgang Thielmann, Leiter des evangelischen Ressorts »Christ und Welt« in dem Artikel »Winnenden: ... wie wir vergeben unseren Schuldigern?«

Die Abgründe in dieser Welt sind immer auch die Abgründe in uns. Menschen sind es, die Unheil anrichten, Lebensräume zerstören, Kinder, Frauen und Männer foltern, quälen, missbrauchen. unterdrücken, ermorden, Menschen, die beseelt sind vom Bösen, woher das auch kommen mag. In der Zerstörung und im Töten lebt es sich aus. Wenn wir vom Zustand dieser Welt sprechen, dann müssen wir davon sprechen, welchen Anteil wir Menschen daran haben. Und man braucht kein Mathematiker zu sein, um auszurechnen, dass der Anteil sehr hoch ist. Das Böse ist in dieser Welt real, vielgestaltig, vielschichtig, unerklärlich und deshalb auch nicht in den Griff zu bekommen. Die Theologin Petra Bahr nennt es den »Hinterhalt der Freiheit«.

Es gelte, das Böse, Leid und Schmerz zu überwinden, indem wir die Ursachen beseitigen, soweit das in unserer Macht und in unseren Möglichkeiten steht, so der ehemalige Bundesminister und CDU-Politiker Heiner Geissler in einem SWR1-Interview.

Es bleibt ein ungewisser Rest

Kein zweites Winnenden ist das, was wir uns alle wünschen. Die Frage, ob sich das auch erfüllt, wird ehrlicherweise niemand beantworten können. Wir werden sehen und hoffen müssen, dass nach Winnenden kein neues mehr kommt und Winnenden bei allen im Gedächtnis bleibt als Signal, dass die Freiheiten, die wir haben, auch Verantwortung füreinander und Respekt voreinander bedeuten. Ministerpräsident Günther H. Oettinger sieht diese Tat als Mahnung, »dass unsere Gesellschaft nicht in unterschiedliche Welten mit unterschiedlichen Werten auseinanderdriften darf.«

Wenn alles Menschenmögliche getan wurde, um einen künftigen Amoklauf zu verhindern, bleibt immer noch ein ungewisser Rest, den es auszuhalten gilt.

In was für einer Gesellschaft leben wir?

In was für einer Gesellschaft leben wir, dass so etwas immer wieder passiert? Mit großer Bestürzung, Irritation und Verunsicherung haben Bürger auf diese Wahnsinnstat reagiert. Von Anfang an wurde der Amoklauf in einem gesamtgesellschaftlichen Zusammenhang gesehen, nach der Devise: Fehler im System.

Wer heute über Winnenden spricht, muß auch über unsere Gesellschaft nachdenken, die solch eine fatalistische Lebenshaltung begünstigt, vielleicht sogar, unterschwellig, fördert. Die Krisen in fast allen Bereichen zeigen, dass nichts so ist, wie es sein sollte und manche Dinge völlig aus dem Ruder laufen. Winnenden ist kein Ausrutscher, sondern ein gesellschaftlicher Erdrutsch, für den es Ursachen gibt.

In kunterbunten Variationen wird die Maxime propagiert: Mensch, es ist dir alles möglich. Doch wo alles möglich ist, wird auch das Grauenhafte und Unvorstellbare möglich. Das ist die Kehrseite der hochglanzpolierten Wohlstandsmedaille. Alles scheint möglich und allen scheint alles möglich. Theoretisch. Doch im praktischen Leben sieht das ganz anders aus. Da gibt es tausend Hindernisse, Schwierigkeiten und Vorschriften, die uns die Grenzen aufzeigen.

Was unsere Gesellschaft nicht ist: keine Insel der Glückseligen, auf der alle zufrieden und friedlich sind, kein Schlemmer-Paradies, in dem die gebratenen Hähnchen vom Himmel flattern, kein goldener Westen, in dem die Straßen mit Euros gepflastert sind und es ist auch kein Land der unbegrenzten Möglichkeiten.

Es geht alles

Es geht alles
aber nicht alles geht
ganz davon abgesehen
dass nicht alles gut ist
was geht
und auch nicht alles
was geht
gut geht

Wir leben in einer freien Gesellschaft

Wir leben in einer freien und freizügigen Gesellschaft. Wenn man sich allerdings die vielfältigen Süchte anschaut, fragt man sich schon: tja, wo bleibt sie denn, die Freiheit? Ist sie vielleicht ein Etikettenschwindel jener, die in irgendeiner Weise davon profitieren?

Freiheit ist Segen und Fluch zugleich. Wenn wir sie richtig zu nutzen wissen, gibt sie uns viele Möglichkeiten zur Entfaltung unserer Personlichkeit, wenn wir sie missbrauchen, führt sie uns in Abhängigkeiten und emotionale Sklaverei.

Der Umkehrschluss heißt jedoch auf keinen Fall, sie mit allen möglichen Verboten und Vorschriften zu belegen. Es kommt darauf an, den Umgang zu lernen, auch wenn die Wirklichkeit sehr ernüchternd ist.

Viele glauben, Freiheit bedeutet, ich kann tun und lassen was ich will und brauche auf nichts und niemanden Rücksicht zu nehmen. Die Hauptsache, ich komme zum Zug.

Frei ist jedoch nicht der, der vieles besitzt und alles benutzen kann, sondern der, der auch Nein sagen und die Finger davon lassen kann. Wir leben in Freiheit und wir haben viele Freiheiten, aber wir sind in vielem nicht frei. Die grundsätzliche Verfügbarkeit von allem und jedem gibt uns einerseits das Gefühl, frei zu sein, setzt uns andererseits aber auch ganz schön unter Entscheidungsdruck.

Das Bestreben nach immer noch mehr Freiheiten könnte man so vergleichen; es ist, als ob wir, freie und grenzenlose Fahrt für alle fordernd, auf den Strassen ein wichtiges Schild nach dem anderen und eine Ampel nach der anderen entfernen und uns dann darüber beschweren, dass der Verkehr zusammenbricht, immer mehr Chaos entsteht und es an allen Ecken und Kreuzungen kracht.

Die größere Freiheit

Eine Paraphrase von Erich Kästners Gedicht
Die kleine Freiheit

Die größere Freiheit,
das klingt so,
als hätten wir es geschafft,
als wären wir kurz vor dem Ziel
unserer Träume, Wünsche, Hoffnungen.
Doch mit der ganz großen Freiheit
ist es wieder nichts geworden.
Die Illusion hat uns fest im Griff.
Sagen wir so: Die kleine Freiheit ist vielleicht
ein klitzekleinesbisschen größer geworden,
mehr aber wirklich nicht.
Wir können kaufen, was wir wollen,
sofern wir Geld haben.

Wir können reisen, wohin wir wollen,
sofern wir Geld haben.
Wir können unser Gesicht verlieren,
auch ohne Geld.
Wir können demonstrieren oder schweigen,
ob wir Geld haben oder nicht.
Wir können nichts tun oder uns was antun.
Wir können hassen oder lieben, wen wir wollen.

Wir können uns entscheiden
zwischen Wahnsinn und Komfort.
Ach, wir sind so frei!
Doch fragt sich nur wie lange?
Und überhaupt, macht uns die Freiheit wirklich frei?

Der Titel des Programms: Die größere Freiheit
hat seinen Preis. Wir wissen wieder mal Bescheid.
Wie hoch er sein wird zeigt allein:
Die Zukunft.

Wir leben in einer widersprüchlichen Gesellschaft

»Mitte 2010 geht es wieder bergauf«, so titelte die Badische Zeitung am 10. Juli 2009 über die Prognose der Europäischen Zentralbank. Man sehe das Ende der Talfahrt, nach dem beispiellosen Einbruch des Welthandels.
Doch die Wahrheit ist: wir können nicht einmal sagen, was morgen ist und was im nächsten Jahr sein wird, schon zweimal nicht. Wie schnell sich die Lage und die Dinge ändern können, haben wir in den letzten Jahren zur Genüge erlebt. Prognosen müssen laufend den aktuellen Gegebenheiten

angepasst werden, sie werden über den Haufen geworfen, variiert und neu ausgegeben.

Heute richtig, morgen falsch und übermorgen wieder richtig. Mit dieser auf allen Gebieten anwendbaren Formel werden die Menschen seit Jahren auf Trab gehalten und beschäftigt. Sich ständig neu auf sich ständig ändernde Situationen einzustellen, das zermürbt auf Dauer und lähmt die Widerstandskraft. So kriegt man müde, aber keine zufriedenen Bürger. Und auch die sich ständig widersprechenden Vorschläge, Ankündigungen, Prognosen und Warnungen von Politikern und Experten verunsichern und schüren Ängste. Heute wird der Aufschwung verkündet, morgen der Weltuntergang.

Bei alledem wird man den Eindruck nicht los, dass eigentlich niemand so richtig weiß, was sich wirklich abspielt und wohin der Zug fährt, in dem wir alle sitzen. Fahren wir ins irdische Paradies oder rasen wir auf den Abgrund zu?

Unser System ist unerbittlich: Vogel friss oder stirb! Wer nicht mitkommt, weil er nicht den Idealvorstellungen entspricht und nicht mehr die Wunschmaße vorzuweisen hat, ist out.

Wir leben zwar in einer Wohlstandsgesellschaft, doch gleichzeitig nimmt die Armut zu und immer mehr Menschen fallen aus dem System, werden arbeitslos. Und wer Hartz IV-Empfänger wird, kann seine Würde gleich an der Garderobe der Gesellschaft abgeben.

Die Maßlosigkeit produziert Verhältnisse, die man eigentlich nur ungerecht nennen kann und auch so empfunden werden. Zwei Vorgänge, die charakteristisch sind für den gegenwärtigen Zustand: da verliert eine Frau ihren Arbeitsplatz wegen Unterschlagung von Pfandbons im Wert von 1.30 Euro und zeitgleich lässt sich ein wegen Steuerhinterziehung verurteilter Manager 20 Millionen Euro Pensionsansprüche ausbezahlen. Dies ist in keiner Weise verstehbar. Da stimmen die Verhältnisse einfach nicht mehr.

Status quo

Die Zukunft steht
auf dem spekulativen Grund
einer undurchschaubaren Gegenwart.
Nichts zählt mehr
als alles in allem
und wer nicht hat,
dem wird auch das noch genommen.

Hoch im Kurs steht
der tiefe Fall ins Leere.
Es herrscht eine grundlose Angst
und die Angst,
zu kurz zu kommen.

Es findet statt
der Ausverkauf der Seele.
Zur Disposition steht
Ramschware Mensch.
Angeboten werden
Fässer ohne Boden.

Wir leben in einer Hochleistungs-Gesellschaft

Immer schneller, immer mehr, immer höher, immer spezieller - und gleichzeitig immer kaputter. Wer nicht mitkommt, hat das Nachsehen und muß Nachteile in Kauf nehmen.
Eigentlich hätte man annehmen können, dass die zunehmende Technik das Leben erleichtert und vereinfacht. Das Gegenteil ist der Fall. Die Welt ist unübersichtlicher und komplexer geworden. Positiv ausgedrückt könnte man sagen: In dieser Welt herrscht ein kreatives und grellbuntes Durcheinander.
Nach Einschätzung der Evangelischen Kirche Deutschlands (EKD) habe der Amoklauf gezeigt, »dass ein stetiger, kaum aushaltbarer Leistungsdruck auf eine Vielzahl von Menschen, insbesondere für junge und verletzliche Schüler und Schülerinnen das falsche Signal ist.« und »Offenbar haben viele Jugendliche im harten Konkurrenz-Wettbewerb und in einer Gesellschaft, die mit globalen Finanzkrisen und globalen Hungernöten in der Krise steht, den Mut zum Leben und wichtige soziale und verantwortungsvolle, konstruktive und gesellschaftlich wichtige Bindungen verloren.«

Wohlstandsfahrt

Was unternimmt er nicht alles,
um den großen Bogen zu schaffen.

Bloß keine persönlichen Fragen,
das Bankkonto stimmt
mit den Eheverhältnissen überein,
eine permanente Aufholjagd,

der Erste ist zugleich der Letzte,
der Rest des Monats Schuld,
das zerrt, das zermürbt.
Ständig unterwegs
mit dem Auto oder mit den Gedanken,
bei Tempo Zweihundert oder im Stehen,
das Rechenzentrum dort oben arbeitet ununterbrochen.

Ruhe hat das gute Herz erst,
wenn es nicht mehr schlägt.

Bloß keine unangenehmen Fragen
was den Sinn des Ganzen betrifft,
es käme doch nur Unsinn heraus.
Geschäft sagt er, das Geld liegt
m-i-t-t-e-n auf der Straße.
Ständig beschäftigt
mit anderen Fragen, Frauen und Freunden.
Die Wichtigkeit richtet sich nach der Wirtschaftlichkeit.

Keine Rücksicht, auf niemanden,
nicht einmal auf die eigene Person.

Bloß keine peinlichen Fragen
wie es den Kindern geht.
Die scheinen auch schon vergessen zu haben,
dass es so etwas wie Eltern gibt.
Ständig auf 'nen Sprung,
nirgends zuhause, nicht einmal zuhause.
Immer höher auf der Wohlstandsleiter,
immer mehr Wohlstandseiter.

Bloß keine religiösen Fragen und so weiter,
es könnte sonst herauskommen,
dass Gott trotz Kirchenzugehörigkeit
in seinem Leben nicht mehr existiert,
außerdem die Sache von damals...
Immer verbissener im Kampf
um Anerkennung, Selbstbestätigung, Erfolg.
Das kostet hier und da eine Lüge,
manche Ablenkungsmanöver, manchen Selbstbetrug,
das kostet schließlich das Leben.

Was unternimmt er nicht alles,
um den großen Bogen zu schaffen.

Wir leben in einer Überforderungs-Gesellschaft

Höhere Anforderungen, sinkende Perspektiven. Da kommt
dann schon bei dem einen oder anderen Resignation auf:
»Da hab ich eh keine Chance, das schaff ich sowieso nicht.«
Es ist die innere Leere trotz übervoller Regale, die Einsamkeit trotz voller Straßen und Kaufhäuser, die Überforde-
rungen im Alltag und im Beruf, die Angst vor Versagen,
vor Arbeitslosigkeit, vor Krankheit, vor dem Alter, vor der
ungewissen Zukunft. Und gleichzeitig ist da das Gefühl der
Ohnmacht, in einem einzig auf Gewinn ausgerichteten System, in dem nur der Starke, Schöne, Erfolgreiche und Gesunde wahrgenommen wird und sich behaupten kann, nicht
mitzukommen und hinterher zu hinken.

Manch einer

Manch einer lebt
und weiß nicht wozu
Manch einer hört auf
zu denken
Manch einer spricht nur noch
unter Vorbehalt
Man einer ergeht sich
in zahllosen Aktivitäten
Manch einer vergisst
wie er aussieht
Manch einer altert
in einer Sekunde
Manch einer ist tot
ohne es zu merken

Wir leben in einer »bedrohten« Gesellschaft

Zunehmend sieht sich der Bürger einem »Bedrohungs-
potential« seitens Politiker, Experten, Statistiker und Mei-
nungsforscher ausgesetzt, das sich jeden Tag aufs Neue
übertrifft: dass er bald schon mit dem Schlimmsten rechnen
muß, weil alles schlechter wird und nichts mehr sicher ist,
dass er sich künftig noch mehr einzuschränken hat, dringend
erforderliche Steuererhöhungen anstehen und die Lebens-
haltungskosten steigen, der Arbeitsplatz sowieso ständig
gefährdet ist, das Armutsrisiko steigt, er künftig länger und
mehr für weniger Geld arbeiten muß, dass er irgendwann
alle Arzt-Rechnungen selbst zu bezahlen hat, die Rente
sowieso abschreiben kann, wir schon seit Jahren kurz vor

einem Terroranschlag stehen und deshalb und aus allgemeinen Sicherheitsgründen mehr Kontrollmechanismen plus Überwachungstechniken installiert werden müssen, was notwendigerweise einhergeht mit drastischen Einschränkungen der bürgerlichen Rechte.

Doch wer droht, will einschüchtern, wer droht, lähmt den Handlungswillen, wer droht, hat etwas zu verbergen, wer droht, tritt die Flucht nach vorne an, wer droht, ist selbst bedroht von seinem Versagen, seinen Versäumnissen, seinen Fehlern oder von der Machtlosigkeit, wirklich etwas ändern zu können. Die Frage am Schluss ist: wem droht zuerst der Tod?

Litanei des guten Willens

Es muß etwas getan werden.
Nichts wird getan, damit etwas getan wird.
Wer nichts tut, macht sich schuldig.
Wer etwas tut, macht sich auch schuldig.
Wir bewegen uns zwischen
Nichtstun, Etwastun und Allestun.
Es tut sich nichts oder es tut sich noch nichts.
Vielleicht wird sich auch gar nichts tun.
Es tut sich nichts, es sei denn, es wird etwas getan.
Nichtstun bedeutet nicht, dass nichts getan wird.
Was zu tun ist, ist zu tun.
Wir sagen, was wir tun.
Wir tun, was wir sagen.
Wir tun, was wir tun.
Wir tun, was wir tun werden.
Wir tun, was wir tun können.
Wir tun, was wir tun wollen

Wir tun, was wir tun müssen.
Wir tun etwas, aber was, wann und wo,
das weiß niemand.
Gesagt. Getan.

Wir leben in einer überwachten Gesellschaft

Wir wissen es alle schon lange und würden dennoch gerne, dass es nicht so ist und sich das Rad der Geschichte diesbezüglich zurückdrehen ließe: »Wir sind auf dem Weg in den Überwachungsstaat«, so Gerhart Baum (Ex- Innenminister) am 26. 01. 2007 in der SWR1-Leute-Sendung.

Der gläserne Mensch ist im Schnellschritt unterwegs und schon jetzt umrisshaft zu erkennen. Die Entwicklung dahin ist weiter als wir denken und öffentlich zugegeben wird. Das gesellschaftliche Ausmaß und was es konkret für den Bürger bedeutet, können wir uns noch gar nicht vorstellen. Aber es verheißt nichts Gutes, soviel ist sicher.

Die Notwendigkeit der Einrichtung von Überwachungstechniken- und maßnahmen zur Abwehr von, beispielsweise Terror und Wirtschaftskriminalität, wird mit der ‚Sicherheit' begründet. Dass die bürgerlichen Rechte des Einzelnen dabei weitgehend auf der Strecke bleiben, ist eine nicht auszuschließende Begleiterscheinung und muß in Kauf genommen werden. Der Autor Ilija Trojanow und die Autorin Juli Zeh beschreiben den Stand der Entwicklung und wie die politischen Mechanismen wirken in ihrem informativen und herausfordernden Buch »Angriff auf die Freiheit«, der letztlich ein Angriff auf die Demokratie ist. Sie rufen die Bürger auf: »Wehren Sie sich. Noch ist es nicht zu spät.«

Wer Augen hat zu sehen, der sehe mit

Orwells Augen

Die Augen sehen sich,
beobachten dich auf Schritt und Tritt,
ohne dass du etwas merkst.
Nichts entgeht ihnen,
nicht einmal das Muttermal zwischen den Zehen.
Die Augen wissen mehr von dir als du ahnst.
Die Augen lassen dich nie aus den Augen.
Die Augen glauben an dich.
Die Augen wollen Besitz von dir ergreifen,
um alles in der Welt.
Deswegen lächeln die Augen
auch immer mal wieder.
Ansonsten haben die Augen
den starren, eiskalten Blick eines Killers.
Die Augen kennen kein Erbarmen,
niemand und nichts entgeht ihnen.
Die Augen sind überall,
selbst unter der Bettdecke sehen sie alles,
was läuft oder eben auch nicht läuft.
Die Augen haben keine Gefühle,
wecken aber Gefühle der Angst und Unsicherheit.
Man spürt die Augen hinter seinem Rücken.
Wer versucht, sich ihnen zu entziehen,
bekommt das auf die eine oder andere Weise
unangenehm zu spüren.
Die Augen können auch zuschlagen,
wenn es die Situation erfordert.
Die Augen werden immer mehr.

Wir leben in einer bilderüberfluteten Gesellschaft

Der Mensch denkt nicht abstrakt, sondern in Bildern und Modellen. Deswegen ist es wichtig, welchen Bildern wir uns aussetzen. Bilder prägen unser Leben, dazu gehören auch Vorbilder, die nichts anderes sind als lebendige Bilder. Darauf wies auch Bischof July in seiner Trauerpredigt hin: »Wir haben in dieser Gesellschaft miteinander Verantwortung, welche Bilder öffentlich werden und prägen, welchen Bildern unsere Kinder und Jugendlichen begegnen und welchen Erfahrungen. Wir haben miteinander die Verantwortung, welche Verhaltensweisen unter uns Platz ergreifen. Kehrt um, wo falsche Bilder und falsche Verhaltensweisen unter uns sind.«

Zwischen

Zwischen
Bild und Auge
geschieht mehr
als wir sehen

Wir leben in einer Kaufrausch-Gesellschaft

Wohl die meisten Menschen haben mehr zum leben als sie brauchen und benutzen. Und immer wird noch mehr gekauft, wobei die Werbung uns ununterbrochen suggeriert: Genug ist nicht genug! Dabei kennt jeder die Erfahrung, dass viele Dinge in dem Moment ihren Reiz verlieren, wenn wir sie besitzen. Das ist das Frustrierende am kaufen. Und um dieses Gefühl auszuschalten, kaufen wir eben wieder etwas, in der Hoffnung, es geht uns dann besser. Aber das Gegenteil ist der Fall. Das innere Loch bleibt und wird im Laufe der Zeit immer größer.

Besitztümer

Wir haben eine Wohnung, ein Haus
- auf jeden Fall ein Dach über dem Kopf
Wir haben Kinder
- einige mehr als der Durchschnitt
Wir haben ein Auto
- gegebenenfalls einen Zweitwagen
Wir haben Kleider
- für jeden Tag etwas anderes anzuziehen
Wir haben zu essen und zu trinken
- immer genug, mehr als genug
Wir haben ein bequemes Bett
- zum schlafen, zum miteinander schlafen
Wir haben ein Einkommen
- oder sogar ein zweites
Wir haben unseren Hausarzt
- eine Straße weiter
Und wir haben Schulden
- immer wieder, eigentlich ständig und immer mehr

Wir leben in einer krisengeschüttelten Gesellschaft

Keine Frage: uns steht das Wasser bis zum Hals. An allen Ecken und Enden dieser Welt rumpelt, brennt und kracht es ganz gehörig und jene, die an den entscheidenden Hebeln sitzen, verkünden stereotyp: »Wir haben alles im Griff!« Oder meinen sie »Alles im Griff auf dem sinkenden Schiff?«

Es gibt jede Menge guter Vorschläge und Antworten, aber wenig durchgreifende Lösungen. Stehen wir am Anfang der Krise, sind wir mittendrin oder stehen wir am Ende der Krise? Da ist es ja schon irgendwie beruhigend, wenn ein US-Banker im August 2009 bezüglich der Wirtschaftskrise sagt: »Alles wird gut.« Na, dann ist ja gut, möchte man sagen. Nur fragt sich, wann das sein wird, vor oder nach dem nächsten Crash?

Ein Opfer für den Gott der Zivilisation

Jeder eine pharmazeutische Fabrik.
Tablettenfrieden.
Diese Welt ist infarktgefährdet.
Stechende Warnsignale wiederholen sich stündlich.
Langsam aber sicher schwillt der Druck an.
Atembeschwerden.
Ein Gefühl der Beklemmung breitet sich aus.
Angst fließt im Kreislauf mit.
Die Versorgung ist unsicherer denn je.
Von Zeit zu Zeit kommt die Blutzirkulation ins Stocken.
Was für eine seltsame Zeit, in der ich lebe,
da die Kinder selbstarm vor den Eltern sterben

und die Antworten immer fragwürdiger werden.

Wohin mit all den Schweißausbrüchen,
wohin mit all den ohnMachtsanfällen,
wohin mit all den Gefühlsstaus,
wohin mit all den Angstattacken?
Ungewissheit ist Gift für den Körper.
Wird's diesmal noch gut gehen?
Bald bricht das Nervensystem dieser Stadt zusammen.
Diagnose Darmverschluss.
Sind Familiengeschwüre
das Magengeschwür der Gesellschaft?
Ungelöste Fragen schon im Vorschulalter.
Zuviel Freude kann auch Ursache sein
für Gefäßverengung.

Rissiges Bindegewebe umspannt
den Globus, netzartig.
Plötzlich und unerwartet
zerplatzt die Aorta.
Ein Opfer für den Gott der Zivilisation tropft aus.
Herzschläge läuten die Glocken.

Wir leben in einer verlorenen Gesellschaft

»Wie schön, klug und kraftvoll muss einer sein, um dazuzu-
gehören? Und wie verloren muss sich einer fühlen in einer
Gesellschaft, die täglich scheinbare ‚Stars' produziert und sie
morgen schon wieder vergessen hat? Und was wird aus denen, die solchen Bildern nicht entsprechen?«, fragte Bundespräsident Horst Köhler bei der Winnender Trauerfeier.

Die Stars von gestern

Wo sind sie geblieben,
die Stars von gestern,
das Chlorophyll des Lebens,
die Märtyrer der Langeweile,
Fluchtpunkte einer verdrehten Welt.
Produkte Profit süchtiger Manager,
Generationsgötter,
die keine anderen Götter neben sich duldeten,
hochgezüchtete Vergissmeinnicht,
die stets im Gespräch waren,
selbst aber selten zu Wort kamen,
die Liebe anbeteten,
sie selbst aber am Nötigsten hatten,
die besessen waren von dem Gedanken,
ewigen Ruhm durch Karriere zu erlangen,
die alle Reichtümer besaßen,
ausgenommen sich selbst,
die zwei Dinge zum Erbrechen kannten:
öffentlicher Erfolg und privates Scheitern.

Bei klarem Nachthimmel sind sie zu sehen,
als Fixsterne zwischen Zeit und Raum,
längst verglüht am Firmament der Unzähligen.

Wir leben in einer politikgefrusteten Gesellschaft

Unser System ist ein Fass ohne Boden: wieviel man auch
an Arbeitskraft und Geld und Zeit hineinpumt, es reicht
nie. Immer kommt unterm Strich ein Minus raus. Und das

bedeutet: der Steuerzahler wird noch mehr zur Kasse gebeten.

Vom Bürger wird verlangt, dass er seinen Privat-Haushalt dem Finanzamt gegenüber sauber und transparent hält und schön brav jeden Euro angibt. Und der Staat, der eigentlich mit gutem Beispiel vorangehen sollte, legt jedes Jahr einen Schulden-Haushalt vor mit weiterer horrender Neuverschuldung. Dass Deutschland jetzt mehr Geld für den Schuldendienst aufbringen muß als für das Ressort Soziales, schreit zum Himmel. Wenn man sich dann auch noch die jährlichen Rechenschaftsberichte anschaut, aus denen hervorgeht, wo was an Gelder hingeflossen ist und wieviel Geld in den Sand gesetzt und verschwendet wurde, kann man schon an diesem System zweifeln und verzweifeln.

Man fragt sich auch, warum hochqualifizierte Politiker es nicht schaffen, einen Haushalt hinzukriegen, bei dem der Bürger ganz normal von dem leben kann, was er verdient und nicht ständig Angst um seine Existenz haben muß, im Stress ist und sich überlegen muss, wie er über die Runden kommt, ohne nicht gleichzeitig in die Schuldenfalle zu geraten und sein Älterwerden als Bedrohung empfindet. Dass es heute zunehmend Menschen jeglichen Alters gibt, die in Konkurrenzmanier Pfandflaschen aus Abfallkörben sammeln müssen, um ihren Lebensunterhalt bestreiten zu können, ist schon sehr beschämend. Der Grundgedanke einer Solidargemeinschaft ist doch eigentlich, dass alle Menschen einer Gesellschaft, unabhängig von der Höhe ihres Einkommens, die Sicherheit haben, im Notfall Hilfe zu erhalten.

In der Politik

In der Politik, da geht's um Politik.
Da gibt es viele Versprechen und sehr viele Versprecher.
Da werden Fakten geschaffen.
Da werden Statistiken erstellt.
Da werden Zustände beklagt.
Da wird Wahrheit manipuliert, retuschiert und kastriert.
Da geht's immer um Steuererhöhungen.
Da gibt es kalte Krieger und heiße Scharfmacher.
Da wird der politische Gegner ins Zwielicht gesetzt.
Da wird auch mal in die eigene Tasche gewirtschaftet.
Da wird schön geredet und schlecht gemacht.
Da wird Macht demonstriert.
Da wird lamentiert und dementiert und demontiert.
Da wird das Volk für dumm verkauft.
Da werden Wähler vor Wahlen gequäääählt.
Da werden auch Entscheidungen getroffen.
Da werden Schulden gemacht
und die Schuld woanders gesucht.
Da wird gelogen, betrogen und geschoben.
Da ist nicht alles Gold, was glänzt.
In der Politik, da geht's nicht nur um Politik.

Auf der sicheren Seite

Manch ein Politiker
kommt einem so vor wie jemand,
der im Rettungsboot sitzt
und laut schreit:
»Hilfe, das Schiff sinkt!«

89

Wir leben in einer wert-orientierten Gesellschaft

Ganz oben auf der Skala stehen Aktien, Vermögen, Immobilien, Versicherungen, Besitztümer. Die Bürger fühlen sich betrogen, weil sie jetzt die Zeche bezahlen müssen für diejenigen, die Jahre lang über die Verhältnisse lebten, sich am Kapital berauschten und das Geld von anderen mit beiden Händen zum Fenster rauswarfen, in der irrwitzigen Erwartung, dass es als Goldregen wieder über sie zurückkommt. Das marode Finanzsystem hat etwas mit dem maroden Wertesystem zu tun. Bundespräsident Horst Köhler sagte in einem Interview, dass »die Banken und die Manager der Banken das Schiff gegen die Wand gefahren haben.« Und was sie mit dem billigen Geld, dass sie jetzt bekämen, tun, dazu meinte der Unionsvorsitzende Volker Kauder »die Banken nutzen das billige Geld nicht, um die deutsche Wirtschaft zu finanzieren, sondern in erster Linie für sich selbst.«

Stimmungskanone

»Die Stimmung
ist schlechter
als die Lage!«
sagte der Vorstandsvorsitzende,
wohlgenährt aussehend,
gutgelaunt, lächelnd,
mit positiver Ausstrahlung,
bestens gekleidet,
in einem warmen Büro sitzend,
mit einem üppigen Gehalt in der Tasche
und auch was das sonstige Private anbelangt,

auch nicht gerade mit Armut bestraft.

»Die Stimmung
ist schlechter
als die Lage!«
Recht hat er,
der Vorstandsvorsitzende.

Wir leben in einer demokratischen Gesellschaft

»Demokratie ist die schlechteste aller Staatsformen, ausgenommen alle anderen«, brachte es einst der bedeutende britische Premierminister Winston Churchill auf den Punkt. Es gibt keine perfekte Staatsform, aber trotz aller Mängel und Widersprüche ist die Demokratie die Staatsform, die am besten geeignet ist, das Zusammenleben von Menschen zu regeln.

Die Kehrseite: hat jemand in einem Internetforum gesagt, dass Demokratie die Unterdrückung von Minderheiten ist. Stimmt das? Ja und nein.

Es heißt so schön, dass in einer Demokratie alle Macht vom Volk ausgeht. Aber die Realität ist, dass die Ohnmacht im Volk grassiert. Die meisten Menschen sind so mit ihrem Leben und immer mehr mit dem Überleben beschäftigt, dass sie keine Zeit und Energie haben, Macht auszuüben.

Und wer dennoch Gebrauch davon macht, gilt schon fast als verdächtig und wird schnell in eine Schublade gesteckt: Extremist, Miesmacher der Nation, Feind der Demokratie, Krimineller oder was auch immer. In Winnenden hat die Demokratie ihr hässliches Gesicht gezeigt.

Dämokratie

Warum bloß
hat die Dämokratie
manchmal
solch ein
fratzenhaftes Gesicht?

Wir leben in einer erfolgreichen Gesellschaft

Auch für eine Gesellschaft gilt: was wir säen, das ernten wir.
Wenn die Ernte gut und ertragreich ist, freuen sich alle, zu
Recht, und sagen: Der Erfolg hat viele Väter, der Misserfolg
nur einen. Und das ist dann natürlich immer der andere, wie
er auch heißen mag.
Wer erfolgreich ist, steht jedoch immer in der Gefahr, über-
heblich zu werden und zu wirken. »Wer meint er stehe, mag
zusehen, dass er nicht falle«, heißt es in der Bibel. Und gerade nach Winnenden haben wir allen Grund genau hinzu-
schauen, wie wir dastehen und auf welchem Werte-Grund
wir stehen.

So oder so

So
geht es
immer weiter.

So
schiebt jeder die Verantwortung
von sich.

So
gibt es jede Menge Vorschläge,
aber keine Lösungen.

So
lernen wir nicht viel dazu
und verlieren doch alles.

So
bleibt sich jeder selbst
der Nächste.

So
ändert sich alles
und eigentlich nichts.

So geht es
und so geht es nicht.

So
geht es
nimmer weiter.

Und wir alle

Winnenden betrifft uns alle, jeden einzelnen. In einem Internetforum schrieb jemand: »Die Prioritäten der Gesellschaft und Menschen sollten sich ändern und dafür ist jeder Einzelne für sich und sein Handeln verantwortlich.«

Wenn gesagt wird, es muß sich etwas ändern, dann muss natürlich auch gesagt werden, was genau sich ändern muß. Doch sind wir wirklich bereit umzudenken, etwas zu ändern, Korrekturen vorzunehmen?

Zunächst einmal kann sich jeder fragen: wie gehen wir eigentlich miteinander um, in der Familie, unter Freunden, in der Schule, am Arbeitsplatz, im Verein oder wo immer wir es mit wem zu tun haben? Wie gehen andere mit mir um und wie gehe ich mit anderen um? In gegenseitiger Achtung, unabhängig davon, woher einer kommt, was er tut und kann, was er besitzt, wie er aussieht? Oder sehen wir in dem anderen nur den, den wir sehen wollen? Sehen wir nur die schlechten Seiten an ihm oder auch seine guten? Wie wir einander sehen, hat zur Folge, wie wir einander behandeln. Und wie der andere dann reagiert, hat damit zu tun, wie dick oder dünn sein Fell ist. Auch wenn es nicht so scheint, die meisten Menschen sind eher sensibel und verletzlich.

Der Begriff »Kultur des Hinschauens« wurde in die Debatte eingeworfen. Das ist nicht einfach in einer Gesellschaft mit Wegwerfmentalität.

»Doch es bleiben Fragen an uns alle: tun wir genug, um uns und unsere Kinder zu schützen? Tun wir genug, um gefährdete Menschen vor sich selbst zu schützen? Tun wir genug für den inneren Frieden bei uns, den Zusammenhalt? Wir haben uns auch alle selbst zu prüfen, was wir in Zukunft besser machen, welche Lehren wir aus dieser Tat ziehen müssen«, so Bundespräsident Horst Köhler in seiner Trauerrede.

Jeder Einzelne ist herausgefordert, in seinem Umfeld Verantwortung zu übernehmen. Aber auch die gesamte Gesellschaft ist herausgefordert, ob Familien, Schulen, Vereine, Kirchen, Politik, Medien, Führungskräfte. Jeder ist herausgefordert, sich in die Gesellschaft einzubringen und dazu beizutragen, dass das soziale Klima besser wird und nicht offensichtliche Ungerechtigkeiten, Maßlosigkeiten, Benachteiligungen und Übervorteilungen an der Tagesordnung sind. Verantwortung und Mitmenschlichkeit können nicht staatlich verordnet werden. Sie sind Sache des Einzelnen.

Am Schluss seiner Trauerrede erinnerte Ministerpräsident Günther H. Oettinger an den ersten Satz unseres Grundgesetzes, der lautet: »Die Würde des Menschen ist unantastbar.« Und er fügte hinzu: »Diesen Satz mit Leben zu füllen - ganz praktisch, jeden Tag und jeder an seinem Platz - ist der Auftrag aus dieser Stunde an uns alle.«

Ich bin gefragt

Jeder braucht nur in sein eigenes Leben hineinschauen wie es sich gestaltet: Gewohnheiten, Ansprüche, Erwartungen, Denk- und Handlungsweisen. Womit beschäftige ich mich? Was lasse ich in meinem Leben zu? Nicht alles, was erlaubt und zugänglich ist, ist auch gut für mich, baut auf und stärkt mich. Es gilt auch Grenzen zu akzeptieren. Es ist nicht egal, was ich denke und tue. Alles hat eine Auswirkung, auf mich

selbst, auf andere Menschen und damit auch auf die Gesellschaft.

Bundespräsident Horst Köhler appellierte an die Selbstver-
antwortung eines jeden: »Es ist auch eine Frage der Selbstachtung, welche Filme ich mir anschaue, welche Spiele ich
spiele, welches Vorbild ich meinen Freunden, meinen Kindern und Mitmenschen gebe. Zur Selbstachtung gehört es,
dass man ‚Nein' sagt zu Dingen, die man für schlecht hält
- auch wenn sie nicht verboten sind. Die meisten von uns
haben ein Gespür für Gut und Böse. Also handeln wir auch
danach! Helfen wir denjenigen, die sich in medialen Schein-
welten verfangen haben und aus eigener Kraft nicht mehr
zurückfinden. Helfen wir auch Eltern, denen ihre Kinder zu
entgleiten drohen.«

Deine Welt

Diese eine Welt
ist deine Welt.
Drum mach was draus,
halt dich nicht raus.
Misch mit & misch dich ein,
kein Beitrag ist zu klein.
Dein ist diese Welt,
gehört nicht denen mit viel Geld.
Drum mach was draus,
halt dich nicht raus.
Misch mit & misch dich ein,
kein Beitrag ist zu klein.

Miteinander statt nebeneinander

Wir kümmern uns alle nicht immer in dem Maße um unsere Kinder, wie es nötig wäre, wurde gesagt. Diesen Satz können sich wohl viele Eltern zu Eigen machen. Was auch damit zu tun hat, dass für den Unterhalt einer Familie ein Verdiener längst nicht mehr ausreicht und beide Elternteile deshalb arbeiten müssen.

In ganz jungen Jahren mag das noch gehen, aber sobald sie ins Teenageralter kommen, wird's schon schwierig mit dem sich drum kümmern. Wer Kinder großzieht oder großgezogen hat, weiß, wie schwierig und unzugänglich Jugendliche sein können. Und wer an seine eigene Jugendzeit zurückdenkt, wird sich erinnern, dass die Eltern meistens nicht Bescheid wussten, was abging, was man wirklich dachte, fühlte und außerhalb der Schule tat.

Mit Kontrolle und Verbote ist Kindern nicht beizukommen. Die Reaktion darauf provoziert meist das Gegenteil: Jetzt erst recht! Die Kreativität, Verbote zu umgehen und auszuhebeln, ist bei jungen Menschen ganz besonders gut ausgeprägt. Statt mehr Verbote brauchen wir mehr Vorbilder.

Gerade deshalb ist es wichtig, miteinander in Kontakt zu bleiben, Gemeinsamkeiten und Rituale zu entwickeln, wo man wie zusammenkommt, sich darüber auszutauschen, was man denkt, wie es einem geht, womit man Probleme hat, was einem beschäftigt. Die Familie sollte der Ort sein, wo man sein Herz ausschütten kann. Hier sollte man sich alles sagen dürfen, ohne Angst haben zu müssen, dass es nach außen getragen wird. Anstatt nebeneinander her zu leben ist ein vertrauensvolles Miteinander angesagt. Das setzt natürlich voraus, dass Eltern an ihren Kindern nicht ständig herumnörgeln, sie maßregeln, kritisierten und ihnen vorhalten, was sie alles noch nicht gemacht haben oder was sie ständig falsch machen und wie sie zu denken haben. Jugendliche sind im Identitätsstress und da geht's nun mal drunter und drüber. Auch ist es eine Frage, welches tragfähige und authentische Lebensmodell wir ihnen anzubieten haben!

Der arabischer Dichter Khalil Gibran (1883-1931) hat das Verhältnis Eltern zu Kindern in »Der Prophet« sehr schön und treffend beschrieben:

»Eure Kinder sind nicht eure Kinder.
Sie sind die Söhne und Töchter
von des Lebens Sehnsucht nach sich selber.
Sie kommen durch euch, aber nicht von euch.
Und obwohl sie mit euch sind,
so gehören sie euch doch nicht.
Ihr dürft ihnen eure Liebe geben,
aber nicht eure Gedanken,
Denn sie haben ihre eigenen Gedanken.
Ihr dürft ihren Körpern ein Haus geben,
aber nicht ihren Seelen,
Denn ihre Seelen wohnen im Haus von morgen,
das ihr nicht zu betreten vermögt,
nicht einmal in euren Träumen.
Ihr dürft euch bemühen, wie sie zu sein,
aber versucht nicht, sie euch gleich zu machen.
Denn das Leben läuft nicht rückwärts,
noch verweilt es im Gestern.
Ihr seid die Bogen, von denen eure Kinder
als lebende Pfeile ausgeschickt werden.
Der Schütze sieht das Ziel

auf dem Pfad der Unendlichkeit,
und Er spannt euch mit Seiner Macht,
damit seine Pfeile schnell und weit fliegen.
Lasst euren Bogen von der Hand des Schützen
auf Freude gerichtet sein;
Denn so wie Er den fliegenden Pfeil liebt,
so liebt er auch den Bogen, der standhaft bleibt.«

Noch immer ist Familie die stärkste menschliche Einheit in einer Gesellschaft. In schwierigen und schweren Zeiten ist sie das eigentlich tragende Fundament. Wer Familie aufgibt, gibt Wesentliches auf. Eltern sind für Kinder Vorbilder und sie bleiben immer die stärksten Bezugspersonen, wie weit man auch voneinander getrennt lebt.

Die Kriminologin Prof. Dr. Britta Bannenberg gibt zu bedenken: »Uns fällt immer nur Kontrolle, schärfere Gesetze oder Erziehung ein. Was isolierten Kindern fehlt, ist Bindung und intensive Liebe! Jeder Therapeut weiß: Die heutigen Kinder sind immer mehr auf der Suche nach Bindung, nach liebevollen Erwachsenen. Ich bin generell misstrauisch gegenüber Verboten. Eltern müssen liebevoll erziehen. Über Eltern, Freunde, Lehrer lernen Kinder ihre Realität zu lieben. Und Kinder, die ihre Realität lieben, werden weder Amokläufer noch computersüchtig.«

Ort des Lernens und sich Kennenlernens

Schüler und Lehrer der Mittelschule »Gotthold Ephraim Lessing« in Lengenfeld im Vogtland (Sachsen) schrieben im Winnender Online-Kondolenzbuch: »In unseren Gesprächen an der Schule haben wir unter anderem erkannt, dass wir mehr als bisher miteinander auch über komplizierte Dinge reden müssen, um unsere Mitschüler und Freunde noch besser kennen zu lernen. Vielleicht können wir auf diese Art manchem aus unserer Mitte helfen, ein Problem besser in den Griff zu bekommen. Viele Sorgen und Nöte könnten so eher erkannt und eventuell vermieden werden.«
Hervorgehoben wurde immer wieder, dass wir uns unbedingt mehr und intensiver jungen Menschen zuwenden, auf sie eingehen sollen, hören, welche Probleme und Sorgen sie haben. Sie sind es, denen die Zukunft gehört und deshalb müssen sie ernsthaft an der Gestaltung der Gesellschaft beteiligt werden.
Es gilt, die eigene Sprachlosigkeit zu überwinden, raus zu kommen aus dem Gedankenkarussell, in dem einer sich nur mit sich selbst beschäftigt, sich im Kreis bewegt und sich doch nichts bewegt und verändert.

Redeweise

Sag's einfach und ganz direkt,
damit dich jeder versteht.

Nenne die Dinge beim Namen,
Missstände spare nicht aus.

Denke mit und rede niemandem
nach dem Mund.

Rede nicht zuviel
und bringe die Sache auf den Punkt.

Schweigen ist übrigens auch
eine Form des Sprechens.

Wir brauchen einander

Keiner lebt sich selbst, keiner lebt für sich allein. Wir sind alle
eingebunden in eine große Gemeinschaft und darin füreinander verantwortlich und voneinander abhängig. Wir können nicht einfach so tun, als bräuchten wir einander nicht.
Unsere Gesellschaft ist geprägt von unterschiedlichen und
gegenläufigen Strömungen, in der alle möglichen Kräfte wirken und Einfluss auf unser Denken und Handeln nehmen.
Es gibt keine neutrale Position. Wir sind ständig herausgefordert, uns zu entscheiden. Wer sich nicht selbst aktiv entscheidet, für den entscheiden andere. Egal ist nicht
egal. Eine gleichgültige Haltung, auf welchem Gebiet auch
immer, fordert irgendwann kompromisslos seinen Tribut.
Wer denkt, dass sich die Dinge schon von allein in die richtige Richtung bewegen, darf sich nicht wundern, wenn es
ganz anders kommt. Es geht darum, in dieser Gesellschaft
mitzuwirken, Missstände, zerstörerische Entwicklungen und
Zustände deutlich beim Namen zu nennen, sich dagegen zu
wehren und Alternativen aufzuzeigen.
Eine Gesellschaft darf sich nicht nur daran messen, was sie
alles leistet und was sie für tolle Errungenschaften hervor-

bringt, sondern auch und gerade wie sie mit den Schwachen, Benachteiligten, Kranken, Senioren, Arbeits- und Wohnungslosen, Kindern und Jugendlichen etc. umgeht.

Solidarität

Dass einer
fallen gelassen wird
wie eine heiße Kartoffel
darf uns nicht kalt lassen.

Ein Satz, der zu denken gibt, auch wenn es ein, auf den Amokläufer bezogener, gefälschter Foren-Eintrag ist: »Niemand erkennt mein Potential.«
Das Potential junger Menschen ist größer als die Erwachsenen denken. Ein Mädchen, das aus einer Casting-Show rausgeflogen ist, sagte später, dass sie nicht als Mensch gesehen werde. Nun ist es sicherlich nicht Aufgabe einer Casting-Show, das Menschliche im Menschen zu entdecken, aber dennoch. Wer in unserer medial geprägten Gesellschaft nicht bestimmten Vorgaben und Mustern entspricht, hat geringe oder keine Chancen oder fliegt gnadenlos raus aus dem System. Der Mensch will als ganzheitliches Wesen und als Individuum wahrgenommen werden und nicht als Objekt, Käufer, Nummer, Star, Kunde, Ware, Produkt, Mitglied oder was auch immer.

Eine der schlimmsten «Sünden» einer Gesellschaft ist Ausgrenzung. Menschen und Personengruppen aufgrund ihrer persönlichen oder beruflichen Situation, ihrer

Herkunft, politischen oder religiösen Überzeugungen an den Rand zu drängen und mit Hilfe der Medien einen unsichtbaren Zaun um sie zu ziehen, mit dem Warnschild davor: Vorsicht gefährlich! Hier ist mehr differenziertes Denken und Urteilen angesagt, anstatt populistisch einfach nur draufzuhauen nach dem Motto: einiges am Ansehen und an der Glaubwürdigkeit des Betreffenden wird dabei schon kaputt gehen.

»Die Qualität einer Zivilisation ist charakterisiert durch ihre Spielregeln, Normen, Rücksichtnahmen und Höflichkeiten. Heute leben wir in einer Gesellschaft, in der die Jugend mit einer mangelhaften Sozial- und Werteorientierung aufwächst: ratlos, rastlos und am Ende bindungslos. Erziehung und Bildung in Elternhaus und Schule müssen sich wieder ihrer Verantwortung stellen und sich Gedanken darüber machen, wie die soziale Beliebigkeit des modernen Lebens ausgemerzt werden kann. Der visionäre Zukunftsforscher Horst W. Opaschowski hat Zehn Gebote des 21. Jahrhunderts formuliert. Das Moses-Prinzip zeigt, wie Menschen verantwortlich miteinander umgehen und das Leben kommender Generationen lebenswert erhalten können. Die Themen: Abschalten, Lebensqualität entdecken, Konsumstress und Bindungslosigkeit beenden, Lebenssinn definieren, Krisen als Chancen nutzen, Träume bewahren, anderen und damit sich selbst helfen.«
(Eine Buchbeschreibung zu »Das Moses-Prinzip« von Horst W. Opaschowski, Goldmann Verlag, 2008)

Eine Lehrerin der Albertville-Realschule sagte: »Wenn wir nicht wieder lernen, menschlich und mit Respekt und Achtung miteinander umzugehen, wartet schon der nächste....''

RESPECT

Respektiere dich selbst und andere
und du wirst respektiert

Eine Welt haben wir
und viele unterschiedliche Kulturen

Solidarität meint:
einer für alle und alle für einen

Probleme gibt es so viele
wie es Lösungen gibt

Engagement bedeutet:
aktiv eingreifen in das Geschehen

Couragiert handeln
gegen Ungerechtigkeit und Armut

Toleranz leben gegenüber Andersaussehenden,
Andersdenkenden, Andersgeschlechtlichen
und Andersglaubenden

Mitmischen - Mitreden - Mitentscheiden

Der Bürger will direkt eingebunden sein in politische Ent-
scheidungsprozesse, die ihn selbst und die Gesellschaft be-
treffen. Wo dies nicht der Fall ist, ist er auch nicht oder nur
wenig bereit, sich zu engagieren und zieht sich stattdessen
ins Privatleben zurück. Doch gerade das kann eine Demo-

kratie, die funktionieren soll, nicht gebrauchen. Eigentlich sollte alle Macht vom Volk ausgehen, doch wenn sich die Bürger ohnmächtig zurückziehen, macht die Macht was sie will und dem Volk bleibt nur das Murren.

Aufgepasst!

Die Macht lacht,
wenn das Volk
blind mitmacht.

»Wer heute nicht am Diskurs über die Frage teilnimmt, wie wir als Gesellschaft die Balance zwischen individueller Freiheit und Sicherheit, zwischen Selbstentfaltung und Gemeinwohl finden, verschenkt die große Chance, den Weg dieses Landes für das nächste Jahrzehnt mitzubestimmen«, schreibt Johannes Kuhn im ZEIT-Artikel »Ich wünschte ein Bürger zu sein«.

Die Parole kann also nur lauten:
Mitmischen - Mitreden - Mitentscheiden

Wenn auch alle, ich nicht

Wenn auch alle der Meinung wären,
der starke Mann muss her, der die Probleme dieser Welt
mit einem Handstreich zu lösen versteht,
ich nicht!

Wenn auch einzelne es für angemessen halten,
unter dem Vorwand des Fortschritts,

die Würde des Menschen antasten zu dürfen,
ich nicht!

Wenn auch der eine oder andere meint,
alles haben zu müssen und zwar sofort
und wenn möglich umsonst,
ich nicht!

Wenn auch einige denken,
angesichts zunehmender Katastrophen
könne man nur noch Pessimist sein,
ich nicht!

Wenn auch viele ins Fernsehen drängen
und sich noch mehr Lebensqualität
durch noch mehr Wohlstand versprechen,
ich nicht!

Wenn auch manche die persönliche Freiheit
des einzelnen Menschen
nicht mehr für das höchste Gut halten,
ich nicht!

Gemeinwohl statt Eigeninteresse

Führungspersönlichkeiten an den Schalthebeln dieser Gesellschaft sind gefragt, sich selber nicht als das Maß aller Dinge zu begreifen, eigene oder Lobbyisten-Interessen vorrangig zu behandeln und möglichst viel Geld in die eigene Tasche zu wirtschaften. Gerade ihr Verhalten prägt das Bewusstsein der Menschen und insbesondere das der heranwachsenden, insofern: Wenn die da oben das im großen Stil machen, dann kann ich das auch im kleinen. Das Vorbild, das sie geben, wird als Original in der nachfolgenden Führungs-Generation weiterleben. Es ist das alte Lied: Gier bringt Gier hervor, Gewalt bringt Gewalt hervor, Korruption bringt Korruption hervor.

Die da oben - wir hier unten

»Wir sind der Staat!«
Katja Epstein

die da oben
machen das schon
die da oben
wissen was sie wollen
die da oben
machen was sie wollen

doch machen
die da oben auch
was wir wollen
und wissen
die da oben
was wir brauchen
wir hier unten

Orientierung und Hoffnung geben

Kirche ist der Ort, wo es um Wesentliches geht, wo der Mensch mit dem Grundwasser des Lebens in Berührung kommt. Deshalb strömen gerade bei Katastrophen und Unglücken sehr viele Menschen in die Kirche. Wohin soll der Mensch in solch dramatischen Momenten denn hingehen? Die Kneipe wäre eine Alternative, doch da gibt es nur Trost im Alkohol und der reicht immer nur bis zum Kater am nächsten Morgen. Gott ist der letzte Zufluchtsort, wenn es um Existentielles geht, wenn unser menschliches Gefüge zusammenkracht, wenn unsere Ideale, Wünsche und Träume an der Wirklichkeit zerbrechen, wenn Leid und Tod in unseren Alltag einbrechen und alles in Frage stellen, was bisher Gültigkeit und Priorität hatte und nichts mehr so ist und sein wird, wie es einmal war. Der Mensch lebt nicht allein vom guten Leben, vom Erfolg, vom Reichtum, von Gesundheit, von Karriere. Der Mensch lebt letztlich und eigentlich von dem, das über ihn hinausweist.

»Es macht den Wert und das Glück des Lebens aus, in etwas Größerem aufzugehen als man selber ist«, sagte Teilhard de Chardin, französischer Naturwissenschaftlicher und Theologe (1881-1955). Wie immer man das Größere für sich definiert, ob man glaubt oder nicht, an der Grenze des Lebens hat es nur einen Namen. Und dann ist er entweder oder er ist nicht. Die Kirche sagt: Gott ist.

Eine Kirche, die über Letztgültiges spricht, muß sich auch um das Vorletzte kümmern und das ist das Leben im Hier und Jetzt mit all seinen Brüchen und Widersprüchen. Von der Kirche wird erwartet, dass sie die alte Botschaft der Bibel mit ihren Lebensbildern- und Modellen in Wort und Tat so übersetzt, dass sich der moderne Mensch darin wieder

findet, identifizieren und eine Grundlage bilden kann, die ihn
in allen Situationen trägt, auch über dieses Leben hinaus.
»Der südafrikanische Erzbischof und Friedensnobelpreis-
träger Desmond Tutu hat Millionen von Menschen für ein
Christentum der wahrhaftigen Nächstenliebe begeistert: In
seiner Vision ist Frieden kein Ziel, das erreicht, sondern eine
Haltung, die gelebt werden will, ein spiritueller Willensakt.
Eine warmherzige und humorvolle Friedensbotschaft und
ein Plädoyer für eine neue Zeit der Besinnung auf das We-
sentliche.«
(Aus dem Klappentext seines Buches »Gott hat einen
Traum«)

Bitte

»Niemand unter den Sterblichen ist so groß,
    dass er nicht in ein Gebet eingeschlossen werden kann.«
    Bertold Brecht

Durchdringe die bürgerlichen Wände,
dahinter Hass, Lüge und Sucht wohnen.
Hauche den Verzweifelten
Odem der Hoffnung in ihre Seele.
Den vom Alkohol gezeichneten Körpern
gib lebendiges Wasser zu trinken.
Überwältige die depressiven Kinder, Frauen und Männer
mit unaussprechlicher Freude.
Hol jene herunter, die irgendwo
im Nirwana der Illusionen herumschweben.
Denen, die nicht mehr fähig sind,
sich und andere zu lieben, schenke agape.

Komme in die Einsamkeit der Herzen
und erfülle sie mit deiner Nähe.
In die ausdruckslosen Augen der Menschen
werfe das Feuer der Begeisterung.
Zeige den Architekten der Zukunft,
dass du gewaltiger und höher bist
als alle ihre Weltgebäude.
Lehre den Wissenschaftlern und Künstlern
Erkenntnis und Weisheit,
die ihre Quelle in dir haben.
Zeige den PS-Süchtigen,
dass du schneller bist
als Lichtgeschwindigkeit.
Den materiell Gesinnten gib
die Gesinnung des Loslassens.

Sprich mit den Reichen
über unvergänglichen Reichtum
und gib ihnen ein weites Herz
ihre Bankkonten zu öffnen,
auch die im Ausland.
Die Diesseitsfanatiker überrasche
mit deiner Gegenwart.
Gib dich den Weltraumspezialisten zu erkennen,
damit sie sehen, dass du da bist,
auch wenn sie dich nicht sehen.
Zeige uns doch wie verloren wir sind
mit unseren Sicherheiten, wie hilflos
trotz perfekter Technik, die seelenlos ist.
Gib uns in dem sinnlosen Treiben dieser Welt
dein Verständnis für Verantwortung
uns selbst, unseren Mitmenschen

und der gesamten Schöpfung gegenüber.
Sei du der zündende Funke,
der uns am Leben erhält,
jetzt und für immer.

Die Chance meines Lebens

Die Chance meines Lebens besteht darin: Ich kann jederzeit sofort alles ändern! Diesen Satz sollte man sich auf die Handinnenfläche schreiben, um ihn ständig gegenwärtig zu haben. Es ist eine große Lebenslüge, wenn man denkt, es lief schon immer so und es läuft auch jetzt und es muß immer so weiterlaufen bis zum Sankt Nimmerleinstag. Nein, eben nicht. Es liegt an mir, die Bremse zu ziehen. Manchmal ist es besser und notwendig, es geht ein Ruck durchs Leben, als dass ich von einer Misere in die nächste schlittere.

Entwöhnungslektion

Unterbrechung immer wieder kehrender
Gedanken und Handlungen.
Den Selbstverständlichkeiten
muß Einhalt geboten werden,
im Namen des neu zu Entdeckenden.
Und dem Gewohnheitsrecht
sollte auf der Stelle die Lizenz
zur Langeweile, zu trügerischen Sicherheiten
und zu Bequemlichkeiten entzogen werden.

Was schon immer so war,
muß nicht immer so bleiben.

Es kann schon damit anfangen,
den Scheitel
auf die andere Seite zu setzen,
die Fernbedienung
an den Hersteller zurückzuschicken
oder den heißen Angeboten
die kalte Schulter zu zeigen.

Denn frei zu sein
von Gewohnheiten bedeutet immer,
frei zu sein
für das atemberaubend Neue.

In welcher Zukunft wollen wir leben?

Dieser Satz stand auf einem großen Transparent über dem Haupteingang des Freiburger Theaters. Auch diese Frage gehört nach Winnenden. Wenn wir die Zukunft nicht hier und heute gestalten, werden wir vielleicht in einer leben müssen, die wir nie wollten.

Keine Zeitfrage

Zeit haben wir alle
nicht.
Deshalb müssen wir uns
Zeit nehmen,

sonst vergeht die Zeit
und wir haben nicht
das getan,
was möglich gewesen wäre
in dieser Zeit.

Worauf es ankommt

Tja, worauf kommt es denn nun an?
Auf das Outfit,
das saubere und faltenfrei gebügelte Hemd,
das blank geputzte Auto,
dass am Ende des Monats immer genug Geld da ist,
zum Kaufen, Kaufen, Kaufen,
dass die politische Richtung stimmt,
der Standard gesichert bleibt,
wir unsre Ruhe haben vor den anderen,
welcher Nationalität oder Hautfarbe auch immer,
dass die Ehefrau jeden Tag pünktlich
das Essen auf den Tisch bringt,
die Wohnung in Ordnung hält
und die alten Zeitungen und Prospekte wegräumt,
dass die Kinder auch immer morgens und abends
und wenn möglich auch mittags die Zähne putzen,
wir unsere Miete vertragsgemäß bezahlen,
wir peinlich genau die Steuererklärung ausfüllen,
wir immer zu unserem Recht kommen
- wir leben ja schließlich in einem Rechtsstaat -
dass sich unser Kapital ständig vermehrt,
wir vor Krieg, Unglück, Krankheit verschont bleiben
und wenn's geht auch vor dem Tod

oder kommt es darauf an,
dass alle immer nur das Beste von mir denken?

Nein, darauf kommt es wirklich nicht an,
in erster Linie.
Vielmehr kommt es darauf an,
dass uns unser Leben gelingt und wir Zeit finden,
dem Einsamen unser Ohr zu leihen,
dem Gefangenen einen Besuch abzustatten,
dem Kranken ein Wort der Aufmunterung zuzusprechen,
wir auf die Schwachen unter uns Rücksicht nehmen
und Solidarität mit den Benachteiligten üben,
wir immer zur Versöhnung bereit werden,
uns widerfahrenes Unrecht nicht mit Gewalt
oder Hasstiraden vergelten,
wir die Verhungernden und Verfolgten nicht vergessen,
wir trotz widriger Umstände den Mut
und die Hoffnung nicht verlieren,
wir nicht verbittert alt werden,
wir uns selber lieben lernen,
damit wir auch den anderen lieben können,
dass wir die Güter dieser Welt gerecht verteilen,
wir unsere Zunge im Zaum halten,
wenn es darum geht, andere niederzumachen
oder Schlechtes über sie zu sagen,
dass wir mit unseren zu hohen Erwartungen
nicht vor die Hunde gehen,
dass es nach diesem schwierigen,
vielleicht verkorksten und misslungenen Leben
doch noch ein Happy-End gibt, bei Gott,
das wäre uns zu wünschen.

Anmerkung und Hilfreiche links

Die Gedichte sind im Wesentlichen dem Band entnommen:
»Da geht noch was« von P E Behncke. Zu beziehen über
den Buchhandel oder unter: www.bod.de
Weitere Bücher:
Verrücktverliebt, verliebtverrückt (Liebesgedichte)
Mit glücklichen Augen (Gedichte)
Fußball ist nicht alles. Zeitweise. (Aphorismen)
Swingtime (Roman, vergriffen)

www.aktionsbuendnis-amoklaufwinnenden.de/

www.stiftung-gegen-gewalt-an-schulen.de/

www.schule-bw.de/unterricht/paedagogik/gewaltpraeven-
tion

www.bke-beratung.de/ (Online-Beratung für Jugendliche
und Eltern)

www.klicksafe.de/ (Initiative für mehr Sicherheit im Netz)

www.smogline.de/ (Netzwerk gegen Gewalt und Sucht)

www.telefonseelsorge.de/ (Beratungs- und Seelsorgeange-
bot der evangelischen und katholischen Kirche)

www.therapie.de (gemeinnütziges Psychotherapie-Portal
mit großer Therapeuten-Suche)

www.schulische-krisenintervention.de/ (Netzwerkartiger Zusammenschluss von Fachleuten)

www.leaking-projekt.de/ (Prävention von schwerer zielgerichteter Schulgewalt)

www.weisser-ring.de (Hilfsorganisation für Kriminalitätsopfer und ihre Familien)

diegesellschafter.de (In was für einer Gesellschaft wollen wir leben?)

www.respekt-kampagne.de/ (Träger der Kampagne ist das deutschlandweite Offene Forum zur »Dekade zur Überwindung von Gewalt«)